Peter Selg

CW01430645

Geistiges Überleben
Der Abgrund des Ma.
und die Aufgabe der Anthroposophie

Peter Selg

Geistiges Überleben

Der Abgrund des Materialismus und die Aufgabe der Anthroposophie

Verlag am Goetheanum

Allgemeine Anthroposophische Sektion
der Freien Hochschule für Geisteswissenschaft

Aktualität der Anthroposophie.
Studien zur Werkbiographie Rudolf Steiners

Der Verlag am Goetheanum im Internet:
www.goetheanum-verlag.ch

Einbandgestaltung von Wolfram Schildt, Berlin

© Copyright 2021 by Verlag am Goetheanum,
CH–4143 Dornach
Alle Rechte vorbehalten
Satz: Martin Weis, Denzlingen
Druck und Bindung: Majuskel Medienproduktion, Wetzlar

ISBN 978-3-7235-1676-8

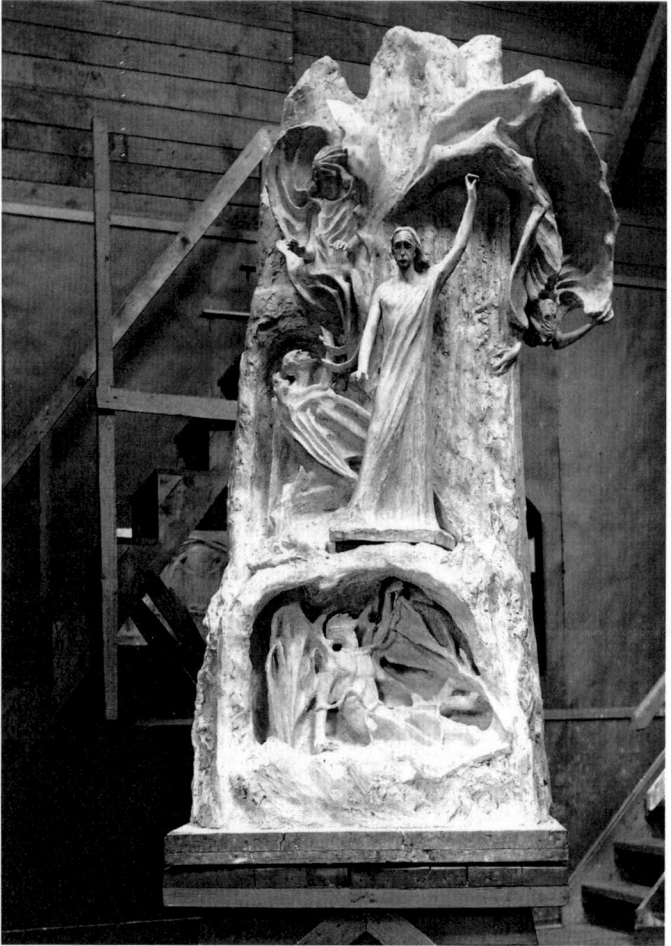

2-m-Modell, Gipsabguss, Edith Maryon und Rudolf Steiner, 1915/16 (?)
Überarbeiteter Gipsabguss mit Eisendrahtarmierung, Reste von
Plastilin (an der Stelle des Felsenwesens) und Holzbrett (für Höhen-
ausgleich der Mittelfigur), 207 × 126 × 84 cm; Maßstab 1 : 5.
Aus Mirela Faldey / David Hornemann v. Laer (Hg.): *Im Spannungsfeld
von Weltenkräften.* Dornach 2020, S. 61.

Du hättest zu keiner besseren Zeit geboren werden
können als dieser, in der man alles verloren hat.

Simone Weil
1909–1943[1]

Inhalt

Vorwort 11

1. *Der materialistische Erkenntnisimpuls*
   und die Aufgabe der Anthroposophie
   Über Rudolf Steiners Vorträge vor Mitgliedern
   der Anthroposophischen Gesellschaft im ersten
   Halbjahr 1921 23

2. *Überleben und Entwicklung –*
   die Verantwortung des Menschen
   Jahrhundert-Meditationen Rudolf Steiners (1921) . . 61

Anmerkungen 75

Der Autor 95

Vorwort

In den Vorträgen vor Mitgliedern der Anthroposophischen Gesellschaft, die Rudolf Steiner in der ersten Hälfte
des Jahres 1921 in Stuttgart, Dornach und Den Haag
hielt, spielte die Auseinandersetzung mit dem Materialismus eine zentrale Rolle. Die Vorträge wurden später in
der Gesamtausgabe seiner Werke in GA 203 und GA 204
herausgegeben («Die Verantwortung des Menschen für
die Weltentwicklung» bzw. «Perspektiven der Menschheitsentwicklung. Der materialistische Erkenntnisimpuls
und die Aufgabe der Anthroposophie»).

Vorausgegangen waren die besonderen Entwicklungen
des Jahres 1920 – die Eröffnung des Goetheanum und
die mediale Diffamierung der Anthroposophie[2], der
erste Dornacher Ärztekurs und die Begründung der
Anthroposophischen Medizin[3], auch Steiners Auseinandersetzung mit Oswald Spengler und seiner Prophezeiung vom «Untergang des Abendlandes».[4] 1920 war
von anthroposophischer Seite versucht worden, dieser
destruktiven Vision entschiedene Aufbauimpulse entge-
genzustellen, im pädagogischen, medizinischen, sozialen
und künstlerischen Bereich. Vor welch schwierigem Weg
diese Zukunfts-Initiativen standen, war zumindest Rudolf
Steiner bewusst – Ende 1919 hatte er seine Vorträge über
die sogenannte «Inkarnation» Ahrimans und die damit
verbundenen Entwicklungen gehalten, die zutiefst vom
materialistischen Denken und Weltverhältnis geprägt
sind.[5]

Liest man Rudolf Steiners Vorträge vom ersten Halbjahr des Jahres 1921 100 Jahre später wieder und auf
die gegenwärtige Weltsituation hin, so besticht in vielen

Zügen ihre Aktualität, im Hinblick auf die Problembeschreibung und -analyse, aber auch bezüglich möglicher Lösungswege. Selbst die von Steiner in seinen Vorträgen aufgeworfene Frage, wo und wie in der gegebenen Lage Zukunftskräfte und -vertrauen gefunden und entwickelt werden können, hat bis heute wenig oder nichts von ihrer Relevanz verloren. *«Dass wir zu überlegen haben, wie wir die Kraft finden sollen, um durchzukommen»*, betonte Steiner im April 1921 in Dornach;[6] solche «Überlegungen» sind offenkundig weiter unverzichtbar, auch wenn sich die äußere Weltlage wesentlich verändert hat (möglicherweise aber nicht die innere). Viele Menschen auf der Erde fragen sich gegenwärtig genau dies – wo finde ich die Kraft, «um durchzukommen»?

Als das «wir» verstand Rudolf Steiner in der zitierten Vortragspassage dabei die Mitglieder der Anthroposophischen Gesellschaft im engeren Sinn; für sie hielt er die in Rede stehenden Vorträge. Die anthroposophischen Arbeitsgemeinschaften sah er als Orte an, an denen durch gemeinsame geistige Arbeit «Kräfte» gesammelt werden können, wie er in Den Haag am 27.2.1921 sagte, am Tag seines 60. Geburtstages.[7] Diese «Kräfte» sind für die Auseinandersetzung mit den Destruktionstendenzen unerlässlich; sie werden für die Konfrontation gebraucht, wachsen jedoch auch in ihr. Rudolf Steiner forderte immer wieder dazu auf, den Schwierigkeiten, den Bedrängnissen und verhängnisvollen Entwicklungen Anfang der 1920er Jahre voll ins Auge zu sehen, sich nicht von ihnen abzuwenden, sondern – im Gegenteil – sich auf sie zu konzentrieren (wenn auch keineswegs ausschließlich). Am 16. Januar 1921 hieß es in Stuttgart vor den Mitgliedern der Anthroposophischen Gesellschaft:

Man kann nur mitarbeiten an der Erkraftung dieser anthroposophischen Bewegung, wenn man sich ein freies und offenes Auge anerzieht für dasjenige, was die Niedergangserscheinungen in unserem Kulturleben im Großen sind. Für Anthroposophen geht es nicht an, sich nicht zu kümmern um diese Niedergangserscheinungen im Großen. Es geht nicht an für sie, sich nicht hinzuwenden zu dem, was die heutige Zivilisation durchdringt mit einer Kraft, die sie in den Abgrund hineintreibt.[8]

Die Mitglieder der Anthroposophischen Gesellschaft folgten dieser Aufforderung Steiners seit vielen Jahren nur bedingt;[9] die in den «Abgrund» hineintreibende «Kraft» gehörte nicht zu ihren bevorzugten Studienobjekten – und auch an den Aufbauversuchen beteiligten sich nicht sehr viele anthroposophische Zweige. Die Zeitschrift für soziale Dreigliederung habe seit acht Monaten keine neuen Abonnenten mehr gefunden – auch nicht in der Anthroposophischen Gesellschaft, so klagte Rudolf Steiner. Er sah einen «Mangel an Initiative im Großen» in der Anthroposophischen Gesellschaft und überhaupt.[10] Für ihn drängte die Zeit. Neue Sozialmodelle und Initiativen waren aus seiner Sicht notwendig und eilig, sofern es darum gehen sollte, den drohenden Rückfall in die alten Kräfte des Nationalismus und Militarismus, des Rassismus und Imperialismus, ja in den von Spengler beschriebenen «Untergang des Abendlandes» aufzuhalten und ins Gegenteil zu wenden.

« Wir müssen nun so viel Anthroposophie in uns haben, dass wir an die Werke gehen können, sonst kommen wir zu spät», sagte Steiner am 16. Januar 1921 in Stuttgart.[11] Er hatte ohne Zweifel recht.

Es gehe darum, so Steiner zu den Mitgliedern, die zeitgenössischen Entwicklungen «mit wachem Seelenauge [zu] verfolgen»[12] und die eigene Seele für ein «offenes, freies Urteil» zu stärken[13], sich nicht blenden zu lassen und einen «wirklichen Wahrheitssinn»[14] zu entwickeln. «Wir leben einmal in einer Zeit, in der vielen Menschen das aufgehen muss, was zu geschehen hat.»[15] «Denn Nicht-Aufsteigenwollen bedeutet in der heutigen Zeit Niedergehenwollen.»[16] Rudolf Steiner aber sah – im Jahr von Hitlers erstem Angriff auf ihn im «Völkischen Beobachter» (Ausgabe vom 15.3.1921[17]) – nicht nur kommende autoritäre Machtpolitiker, neue Imperialisten und totalitäre Diktaturen voraus, sondern die weiter anwachsende Dominanz dessen, was er als das «ahrimanische» Prinzip beschrieb und im zivilisationsbestimmenden Materialismus und in seiner «geistentblößten Naturwissenschaft» wirksam sah.[18] Die Fixierung auf die nur sinnlich-physisch begriffene Welt, der, so Steiner, «furchtbare Hang zur Oberflächlichkeit»[19] werde in kürzester Zeit gravierende Folgen haben. Der Mensch werde ausschließlich als erbgenetisches Produkt angesehen werden, ohne reale Freiheitsmöglichkeiten und ohne reale Eigenverantwortung – «von irgendetwas zu sprechen, was in des Menschen eigene Entscheidung gelegt ist, ist [im materialistischen Verständnis des Zentralnervensystems] ein Unsinn, darauf braucht man keine Rücksicht zu nehmen.» «Man ist abergläubisch, wenn man von einer besonderen Geistigkeit spricht.»[20] Steiner warnte auch 1921 noch einmal vor der, so wörtlich, gefährlichen «Ahrimanisierung» und «Automatisierung» der Menschheit[21], im Sinne seiner früheren Ausführungen zur bevorstehenden Inkarnation Ahrimans.

Liest man seine Ausführung im ersten Halbjahr des Jahres 1921 heute erneut, inmitten so vieler sprechender

Phänomene der Zeit, so kann man tief betroffen sein. Die kontrollierenden und restriktiven Maßnahmen, die Reglementierungen und Erfassungen, die Digitalisierung und Virtualisierung nehmen weltweit in einem ungeheuren Tempo zu; das Sozialleben ist aktuell von einem weitgehenden Verzicht auf persönliche, leibhafte und leibnahe Beziehungen gekennzeichnet, selbst im pädagogischen und medizinischen Bereich («Telemedizin»). Tendenzen und Willensrichtungen, die diese Entwicklung mit aller Macht fortsetzen wollen, sind unübersehbar – und schon seit vielen Jahren zielstrebig am Werk; von den eigentlichen Ursachen des krisenhaften Pandemie-Geschehens, das die Welt beschäftigt und in Atem hält, auch von anderen Dimensionen, Kräften und Wesensschichten des Menschen und der Natur, darunter von seelisch-geistigen Erfordernissen und Qualitäten seines biographischen Daseins, ist in der Öffentlichkeit vergleichsweise wenig die Rede; sie gelten gemeinhin als nicht existent oder als nicht wirklich relevant. «Das ist etwas, was Ahriman mit der Erde anstrebt: die Erde ganz und gar zum Ausdrucke [seiner] Intellektualität zu machen, sie ganz zu intellektualisieren», sagte Rudolf Steiner 1921.[22] Er warnte wiederholt davor, der anscheinend zwingenden «Logik» dieser Entwicklung blind zu folgen, wies auf «Netze der Unwahrhaftigkeit»[23] in entsprechenden Argumentationen hin und sah einen Zerstörungsprozess am Werk. Ahriman, so Rudolf Steiner am 11. März 1921 in seinem Mitgliedervortrag im Goetheanum, strebe danach, dass die Pflanzen- und Tierwelt verschwinde und ein «neuer Saturn aus Maschinen», eine «neue Welt aus lauter Maschinen» entstehe,[24] kein Ort für den Menschen und seine «Schwestern» und «Brüder» aus den Reichen der Natur.[25] Er sprach von einer «kosmischen Entscheidungsstunde»[26] und nannte in Den Haag die Waldorfschulen «spirituelle Proteste gegen den modernen Materialismus»[27]. Aber auch diese Schulen sind 100 Jahre später, in der Corona-Gegenwart des Jahres 2021, in verschiedener Hinsicht existentiell gefährdet – und in vielen Ländern der Erde komplett geschlossen.

Wie in seinen Ausführungen zu Ahriman und seiner Inkarnation in den letzten Monaten des Jahres 1919 machte Rudolf Steiner auch in den Mitgliedervorträgen der ersten Jahreshälfte 1921 immer wieder deutlich, dass die Zukunftsentwicklung der Menschheit noch offen und nach keiner Seite entschieden sei («... was für Entscheidungsmöglichkeiten nach der einen und nach der anderen Seite für die Menschheit vorliegen»[28]). Gleichwohl stand für Steiner bereits 1921 fest, dass sehr schwere Jahre kommen würden, er sprach am 2. Juni 1921 vom «furchtbaren, ungeheuerlichen Leben», «welches das erste Drittel des 20. Jahrhunderts» kennzeichnen werde.[29] Steiners Prognose sollte sich als richtig erweisen – auch wenn die Großkatastrophen erst mit 1933 begannen. Von einer kommenden «Weltuntergangsstimmung» war in seinen Mitgliedervorträgen der ersten Jahreshälfte 1921 die Rede; diese werde sich immer mehr und mehr verbreiten.[30] Auf der anderen Seite sah Rudolf Steiner Möglichkeiten für Wendepunkte und sagte unter anderem:

Im Laufe der Menschheitsentwicklung müssen Momente auftreten, welche zunächst diese Menschheit in einer gewissen Weise herunterziehen, welche die Menschheit unter ein gewisses Niveau herunterbringen, damit sie sich dann durch sich selber wiederum heraufheben könne. Und es würde für die Menschheit keine Hilfe sein, wenn sie durch irgendeinen göttlichen Ratschluss oder dergleichen davor bewahrt werden könnte, nicht die Niederungen des Daseins durchmachen zu müssen. Es ist für die Menschheit, damit sie zum vollen Gebrauche ihrer Freiheitskräfte komme, durchaus notwendig, auch in die Niederungen sowohl der Weltauffassung wie des Lebens herunterzusteigen.[31]

[...] Es ist schon einmal so, dass wir in der Gegenwart wiederum in einem außerordentlich wichtigen Momente der Menschheitsentwickelung leben, dass wir nötig haben, gewissermaßen auf die Zeichen der Zeit, auf die Stimmen der geistigen Welt hinzuschauen und hinzuhorchen, damit wir aus dem Chaos der Gegenwart heraus einen Weg in die Zukunft finden können.[32]

*

Im Rahmen der Vortrags- und Studienreihe «Aktualität der Anthroposophie/Studien zur Werkbiographie Rudolf Steiner» innerhalb der Allgemeinen Anthroposophischen Sektion arbeitete ich im Frühjahr 2021 einige Motive aus Rudolf Steiners Mitgliedervorträgen im ersten Halbjahr 2021, mit «Jahrhundert-Abstand», heraus und sprach darüber am Goetheanum – in erster Linie als Anregung zum eigenen Studium der entsprechenden Bände der GA (203/204), die große Tiefen bergen. Das Autoreferat des Vortrages lege ich hiermit vor, gefolgt von einigen Hinweisen auf besondere Meditationen Rudolf Steiners aus dem Jahre 1921, die mir von Bedeutung für das innere Bestehen der herausfordernden Gegenwart und Zukunft scheinen (*«... dass wir zu überlegen haben, wie wir die Kraft finden sollen, um durchzukommen ...»*). Auch um diese Meditationen ging es in einem Vortrag im

Schreinereisaal des Goetheanum im späten Frühjahr des Jahres 2021, kurz nach «Wiedereröffnung» des über viele Monate geschlossenen Hauses – vor wenigen Menschen im Raum, aber für viele Freunde und Mitarbeiter der Anthroposophie in der Welt.

Ich möchte am Ende dieses Vorworts noch eine kleine Erinnerung anfügen; sie ist für das Verständnis der nachfolgenden Texte nicht von Bedeutung, aber spricht auf ihre Art von der Aktualität dessen, was Rudolf Steiner ausführte, von Geistesgegenwart und Zeitbewusstsein. Als ich die genannten Vorträge im Goetheanum hielt, beschäftigte ich mich erneut mit dem letzten Buch von Bernard Lievegoed «Über die Rettung der Seele», das vor vier Jahrsiebten, 1993, erschienen und Jelle van der Meulen zu verdanken ist (ebenso wie Lievegoeds autobiographischer Bericht «Durch das Nadelöhr», der 1992 vorausgegangen war). Bernard Lievegoed, dem Tode nah, wollte Jelle van der Meulen von seinen errungenen Einsichten, nach der letzten Operation, erzählen – und sie trafen sich zu zehn Gesprächen am Krankenbett; das letzte fand nur zehn Tage vor Lievegoods Tod statt († 12. Dezember 1992). Es drehte sich – wie auch alle anderen Treffen – um die Zukunft der Menschheit, um die großen geistigen Linien, die helfenden Mächte und die Kräfte der Zerstörung. Im Januar 1992 hatte Lievegoed Jelle van der Meulen gesagt, die Anthroposophische Gesellschaft habe in den 1930er Jahren seiner Auffassung nach ihr «Mitspracherecht verwirkt», weil sie sich selbst zerstritten habe, ohne sich um die abgründige Not der Zeit zu kümmern. Er rechne damit, dass sich das in Zukunft wieder ereigne, dass sich diese Geschichte in gewisser Weise, wenn auch in anderer Gestalt, wiederhole, denn:

Die geistigen Mächte, die den Nationalsozialismus inspiriert haben, sind nicht tot. Sie warten auf eine neue Chance, und die wird sicher kommen. Du brauchst dich nur umzuschauen! Natürlich werden sich die Mächte des Bösen auf eine völlig neue Art manifestieren, völlig anders als in den dreißiger Jahren. Und es ist sehr die Frage, ob die anthroposophische Bewegung diesmal tatsächlich darauf vorbereitet ist.[33]

Lievegoed, das zeigen seine Ausführungen in den letzten Gesprächen, setzte sich intensiv mit den Mächten und Kräften des Bösen auseinander, über deren Wirksamkeit Rudolf Steiner wiederholt gesprochen hatte. «Wer sich heute in der Welt umblickt, der sieht, dass diese Kräfte voll in Aktion sind», sagte er zu van der Meulen und sprach über Ahriman und den Materialismus. «Ahriman will ichlose Menschen, die keine innere Berührung mit den Dingen mehr haben und die wie automatenhaft handeln. Ahriman intendiert eine mechanisch funktionierende Gesellschaft.»[34] Bernard Lievegoed, dieser hochbegabte und enorm vielseitige Mensch, der auch ein hervorragender Kinderpsychologe und -psychiater war, sorgte sich Anfang der 1990er Jahre u.a. über den immer weiter nach vorne verlagerten Angriff auf die Intelligenz der Kinder in ihren ersten Lebensjahren[35] und war auch darin, lange vor Einführung der «Tablets» und «Smartphones», seiner Zeit und vielen seiner anthroposophischen Zeitgenossen weit voraus. Er sah einen Versuch Ahrimans am Werk, die Seele nicht nur zu verfinstern, sondern zu vernichten, «so dass das menschliche Ich keine Erfahrungen mehr durch sie machen kann»[36]. Er sagte zu van der Meulen in diesem Zusammenhang:

Ahriman will jeden Menschen bis zur völligen Kontaktlosigkeit vereinsamen.[37]

Man müsse sich, so sein letzter Apell, als Anthroposoph unbedingt mit den «Strategien der Gegenmächte» auseinandersetzen, und dies auch dann, wenn die Anthroposophie massiv kritisiert und diffamiert werde, was Lievegoed gleichfalls kommen sah («die Angriffe auf die anthroposophische Arbeit [...] werden massive Formen annehmen»[38]). Er erinnerte van der Meulen an Rudolf Steiners Vorträge über die Vorbereitungen der Inkarnation Ahrimans und sagte in seiner kritischen Zeit- und Gegenwartsanalyse an einer Stelle:

Ich schätze, dass der Tiefpunkt des Kampfes zwischen 2020 und 2040 liegen wird.[39]

Auch die Anthroposophische Medizin sah Lievegoed, der Mitarbeiter und Weggenosse Ita Wegmans, existentiell bedroht.[40] Er verfügte – wie auch Wegman – über ausgebildete geschichtliche Urteilskräfte, über ein «historisches Gewissen» und eine wirkliche Zeitpräsenz. Sein Anliegen aber war nie ein «apokalyptisches» im Sinne einer negativen Prophezeiung kommender Katastrophen, sondern der Versuch, beim Auffinden der helfenden Kräfte und Wege in Zeiten der Not behilflich zu sein. Von diesem Versuch ist Bernard Lievegoods letztes Werk über die «Rettung der Seele» durchdrungen, das er als sein «geistiges Testament» ansah.

Es findet sich auch ein großer und wichtiger Aufruf zur Zusammenarbeit in ihm, über alle ahrimanischen Trennungen, Zersplitterungen und Gräben hinweg.[41] «Innerhalb der anthroposophischen Bewegung müssen wir im

Hinblick auf diese Zukunft lernen, miteinander in Gruppen zusammenzuarbeiten. Es spielt keine Rolle, was für Gruppen das sind, ob Studiengruppen, Lebensgemeinschaften, Arbeitsgruppen. [...] Wir haben bereitzustehen für die Dinge, die da kommen werden.»[42]

Bernard Lievegoed vertraute auf die Menschheit und die Zukunft, auf die guten Kräfte in ihr. Von Hoffnung und Vertrauen waren auch Rudolf Steiners Mitgliedervorträge im ersten Halbjahr 1921 bestimmt, trotz ihrer überaus ernsten Stimmung. Zu selben Zeit schrieb Franz Rosenzweig am Ende seines epochalen Buches «Der Stern der Erlösung» (Frankfurt a.M. 1921) vom «ganz gegenwärtigen Vertrauen», und fügte hinzu: «Aber Vertrauen ist ein großes Wort. Es ist der Same, daraus Glauben, Hoffnung und Liebe wachsen, und die Frucht, die aus ihnen reift. Es ist das Allereinfachste und grade darum das Schwerste.»[42a]

Allgemeine Anthroposophische Sektion   *Peter Selg*
Ita Wegman Institut
Dornach und Arlesheim, Mai 2021

Es walte, was Geisteskraft in Liebe
Es wirke, was Geisteslicht in Güte
Aus Herzens sicherheit
Aus Seelen festigkeit
Dem jungen Menschenwesen
Für des Leibes Arbeitskraft
Für der Seele Innigkeit
Für des Geistes Helligkeit
Erbringen Kann.
   Dem sei geweiht diese Stätte:
   Jugendsinn finde in ihr
   Kraftbegabte, Lichtergebene
      Menschenpfleger.
In ihrem Herzen gedenken des Geistes,
   der hier walten soll; die, welche
     den Stein zum Sinnbild
      hier versenken, auf dass
        er festige die Grundlage,

über der leben, walten, werken
soll:
    Befreiende Weisheit
    Erstarkende Geistesmacht
    Sich offenbarendes Geistesleben.

Dies möchten sie bekennen:
    Im Christi Namen
    In reinen Absichten
    Mit gutem Willen. —

«Es walte, was Geisteskraft in Liebe …»
Rudolf Steiner, Notizbuch, Stuttgart, 16. Dezember 1921
© Rudolf Steiner Archiv, Dornach

1. Der materialistische Erkenntnisimpuls und die Aufgabe der Anthroposophie

Über Rudolf Steiners interne Vorträge im
ersten Halbjahr 1921

Ein großes Thema der in Rede stehenden Vorträge
(GA 204/204), die überwiegend im Holzbau des Ersten
Goetheanum gehalten wurden – im Angesicht der großen
und kleinen Kuppel, der Säulen und Architrave, der bild-
nerischen Motive des Menschheits- und Erdenwerdens –,
war die Entwicklungsgeschichte des Materialismus bis zu
seiner Kulmination im 19. Jahrhundert. Rudolf Steiner
wollte über den diesbezüglichen «Gang der europäischen
Zivilisation»[43] sprechen; einmal mehr beeindruckte er
seine Zuhörer mit enormem geschichtlichem Wissen und
eindrucksvoller Darstellungskraft.

Er zog große geschichtliche Linien und schilderte – wie
schon oft in seinem schriftlichen und mündlichen Werk –
die lange Epoche der sogenannten «Verstandes- und
Gemütsseele» vom achten vorchristlichen bis zum fünf-
zehnten nachchristlichen Jahrhundert, in deren zeitlicher
Mitte das vierte nachchristliche Jahrhundert liegt. In ihm
endeten, so Steiner, viele vorausgehende und in sich überaus
wertvolle Entwicklungslinien – so auch die Epoche eines
intensiven Nachdenkens über den Logos-Begriff, der, über
ca. acht Jahrhunderte hinweg, zeitlich zentriert um das
Mysterium von Golgatha, als weltschöpferisches Prinzip
und Geheimnis der Sprache erfasst worden war.[44] Es endete,
so Steiner, im vierten Jahrhundert – auf dessen fundamentale,
ja, «entscheidende» Bedeutung[45] er erstmals in seinem Werk

zu sprechen kam[46] – auch die «ätherische» Astronomie und die alte Weisheits- und Initiationslehre, das Wissen um die Zusammenhänge des Außerplanetarischen mit der Planeten- und Elementenwelt, das noch die hippokratische Medizin getragen hatte, und manches andere mehr, darunter im kultischen Bereich. Bis ins vierte Jahrhundert hinein gingen die Weisheitsschulen des Ostens mit der Nachricht des Mysteriums von Golgatha um und versuchten, das Ereignis mit einem großen spirituellen Horizont zu erfassen. Auch eine Weiterentwicklung des Mithras-Kultus – im Sinne seiner Verchristlichung oder «Durchchristung» – erschien zeitweise möglich; dann jedoch wurden, so Steiner, alle Initiationselemente «ausgerottet»[47], in einem großen, ja, gewaltigen Einschnitt in das geschichtliche Werden.

Bis ins vierte Jahrhundert hinein hatten griechische Philosophen an der geistigen Rezeption des Christus-Ereignisses gearbeitet – ein letzter Abglanz davon war noch bei Origines glanzvoll vorhanden.[48] Die griechische «Weisheit» versuchte, so Rudolf Steiner, die Tiefen des Christentums zum Ausdruck zu bringen, mit Hilfe eines Ideenlebens, das noch von Wärme gekennzeichnet war, von einem realen Herunterstrahlen geistiger Mächte.[49] In der platonischen Ideenwelt lebte noch der letzte Rest des alten, spirituellen Orients, «letzte», gerettete «Reste» einer alten geistigen Anschauung.[50] Prägnant schilderte Rudolf Steiner im Goetheanum das Ringen des Griechentums mit dem Mysterium von Golgatha, unter Einsatz seiner besten Weisheitskräfte; er umriss die «geistigen Kämpfe» um das Verstehen des Zusammenwirkens von Übersinnlichem und Sinnlichem – und die Entstehung der Gnosis in diesem Kontext, einer, so Steiner, einseitigen, aber wertvollen und außerordentlich spirituellen Geistesströmung, deren Literatur vom Kirchenchristentum später ausgerottet wurde und fast nur in entstellenden Zitaten der

Gegnerschriften auf die Nachwelt kam.[51] Vieles oder alles veränderte sich in der Zäsur, dem geschichtlichen Umschlagspunkt des vierten nachchristlichen Jahrhunderts, auf den Rudolf Steiner immer wieder zu sprechen kam, selbst das religiöse Bewusstsein. Es begann die didaktische Umgestaltung des Christus-Ereignisses in die äußere materielle Erscheinung, in die «schlichte» «Palästinaerzählung» des Menschen Jesus von Nazareth. Das Weihnachtsfest wurde auf Kosten der in ihrem geistigen Gehalt immer weiter abgeschwächten Epiphanie-Feiern offiziell eingeführt[52] – und die Tendenz, die «Glaubenstatsachen» zu dogmatisieren, in juristische Begriffe zu bringen, intensivierte sich. Römische Staatsbegriffe, so Steiner, wurden über das Christentum ausgebreitet, ein kirchlicher Imperialismus bzw. ein «romanisches «Herrschaftschristentum» – kein Versuch sei mehr unternommen worden, «aus irgendeiner Weisheit heraus zu erkennen, wie sich das Mysterium von Golgatha zugetragen hat»[53]. Es entstanden religiöse Formeln, in denen zwar noch letzte Reste der alten, tiefen Urweisheit lebten, die aber lediglich «Gerippe» oder «Schattenbilder» dessen bedeuteten, was mit dem Mysterium von Golgatha in die Welt gekommen war. Das Bild des «Gekreuzigten» entstand, des Schmerzensmannes, statt des sieghaften, auferstandenen Sonnen-Christus; die «Keime materialistisch-christlichen Empfindens» zogen damit, so Rudolf Steiner, in die Menschheit ein.[54] «Das Kruzifix ist der Ausdruck für den Übergang zum christlichen Materialismus», sagte er und sprach von einem «heruntergezogenen» Christus. Alles dies stand im Zuge oder Zusammenhang jenes «Persönlichkeits-Materialismus», in den der «europäische Mensch» hineingeboren worden sollte.[55] Verbunden damit war das endgültige Zurückdrängen desjenigen, was aus dem spirituellen Orient zum Abendland drängte und bereits durch die Zerstörung der Mysterienstätte von Ephesus im vierten vorchristlichen Jahrhundert in dramatischer Weise aufgehalten worden war:[56]

> Alles dasjenige, was vom Orient ausgehend den Osten der europäischen Zivilisation ergriffen hatte, das wurde sozusagen nach dem Orient wieder zurückgeschoben. Dasjenige allein konnte sich abendländisch halten neben der Erfassung der äußeren sinnlichen Tatsachenwelt, was in der romanischen Welt aufgekommen war als ein Anlauf zum abstrakten Denken.[57]

Die Weisheit, das spirituelle Licht musste in den Orient «zurückfluten»; auch seine kultischen Formen – wie der Mithras-Dienst – konnten sich nicht mit dem Neuen verbinden, wurden abgedrängt und an ihrer möglichen Wirksamkeit verhindert:

> Da schwindet allmählich alles nach Asien zurück, was ein tieferes Erfassen des Christentums gebracht hätte, was einen Kultus hätte bringen können, welcher den Christus als den Triumphierenden hätte ansehen können, nicht bloß als denjenigen, der unter den schweren Lasten des Kreuzes hinuntersinkt und dessen Triumphieren man nur ahnen kann hinter dem Kruzifixus.[58]

Das alte spirituelle Licht, die Weisheit des Ostens und alle ihre Nachklänge wurden jedoch nicht nur «zurückgeschoben», sondern geradezu in einen «Abgrund» versenkt[59], zugunsten einer «Befestigung des Ich». Hier, in dieser Dynamik des vierten nachchristlichen Jahrhunderts, wurden Rudolf Steiner zufolge die «Keime des späteren Materialismus»[60] gelegt; hier wurde ein folgenreicher Verlust der lebendigen Geistigkeit bewirkt. Ab dann dachten die Menschen ungleich «verstandesmäßiger» als zuvor, verloren die alten «Eingebungen».[61] Der Einfluss des Griechentums auf das Römische Reich, der bis dahin noch von Bedeutung gewesen war, kam zum Ende. Was sich durchsetzte, war der romanische Geist mit seiner, so Steiner, «toten» lateinischen Sprache, obwohl Roms Imperium seinen Zenit längst überschritten hatte («eigentlich wurde das Römertum erst herrschend, als es schon untergegangen war»[62]).

Menschen, die in den nachfolgenden Jahrhunderten Europas die Spiritualität suchten, darunter Anregungen für eine geistige Medizin, zogen oft in den Osten, so schilderte Rudolf Steiner in seinen Vorträgen; er wies jedoch auch darauf hin, dass es in Europa nicht gelang, den Geist des Christentums völlig zu «ertöten». «Einsame Menschen», «vereinzelte Menschen», die «europäischen Weisen» des Grals, wussten, so Steiner, auch weiterhin – unterstützt von geistigen Kräften und Mächten – vom Geheimnis des Kosmos und der verschwundenen «ätherischen Astronomie», auch vom Geheimnis des Blutes, das mit der spirituellen Medizin aus dem Abendland abgedrängt worden war. Sie bildeten eine unsichtbare, übersinnliche «Kirche» von Wahrheit suchenden, aus ihrem Ich aktiv fragenden Menschen, die in der Lage waren, eine Form des «Ich-Aufschwunges» aus eigener Kraft zu vollziehen. Diese untergründige Strömung lief durch das ganze Mittelalter hindurch[63] – während die europäische Gesamtentwicklung auf das 15. Jahrhundert zusteuerte, auf die beginnende Epoche der Bewusstseinsseele, in der das menschliche Denken, das sich bis dahin, als «lebendige», wenn auch verstandesbezogene Aktivität noch immer im ätherischen Leib zugetragen hatte (oder zumindest wesentlich von diesem mitgetragen worden war), an den physischen Leib überging. Rudolf Steiner sollte drei Jahre später, 1924, diesen Übergang, das «Gleiten» in eine andere, ahrimanische «Weltgeschichte» in seinen Leitsatz-Ausführungen in großer Genauigkeit behandeln;[64] mit diesem an den physischen Leib übergehenden Denken wurde die «physische Astronomie», aber auch die physische Organ-Pathologie der neuzeitlichen Medizin entwickelt, «die ganze medizinische Abschattung»[65].

Was hier, im 15. Jahrhundert, einsetzte, steigerte sich dann bis zum 19. Jahrhundert. In diesem wurde, zur Jahrhundertmitte hin, die Verstandestätigkeit eine völlige Funktion des physischen Leibes. Das Gehirn bildete sich vollkommen aus – Steiner sprach von einem Höhepunkt der Gestaltung und Strukturvollendung des physischen Leibes in der Kopforganisation Mitte des 19. Jahrhunderts. In diesem Zusammenhang entwickelte sich der ungeheure Aufschwung der materialistischen Weltanschauung als Theorie; das «physische Denken», trieb, so Steiner, die Menschheit zum Materialismus hin. Für «real» galt ab dann nur noch das materielle Geschehen.[66] Eindrücklich beschrieb er die vom Nerven-Sinnes-System ausgehenden Todesprozesse, die den menschlichen Gesamtorganismus durchdrangen,[67] physiologisch und im Hinblick auf die gesamte Wirklichkeits- und Weltorientierung – *«In den Tod hinein denken wir, in das Vernichten des Lebens hinein denken wir.»*[68] Der kognitive, auf die Nerven-Sinnes-Prozesse gestützte Intellekt verlor den Zusammenhang mit dem Leben – mit dem Leben der Umwelt, der sozialem Umwelt und dem Kosmos; er verlor zunehmend auch den Zusammenhang mit der Leiblichkeit jenseits des Kopfes, mit dem Gesamtorganismus. Er isolierte und vereinseitigte sich immer weiter. In sehr alten Zeiten, so stellte Rudolf Steiner dar, erlebte das Haupt über den Leib den Kosmos, das Geistige des Kosmos.

Nun, ab dem 19. Jahrhundert, existierte nur noch der «verdünnte Geist» in Form des Intellekts, der sich in seiner Abstraktion, seiner eigenen Leere, fortan der Materie zuwandte, um sein eigenes Vakuum zu füllen. Die Materie und die sinnenfällig nachweisbaren Vorgänge, auch die sinnlichen Umstände des Lebens, wurden zum bestimmenden und zunehmend einzigen Lebensinhalt. Es entstand ein neues, sinnesgestütztes Selbstbewusstsein des Menschen – um den Preis jenes «Weltbewusstseins des Geistes» oder «geistigen Weltbewusstseins»[69], das nahezu vollkommen verloren gegangen war. Rudolf Steiner ging an dieser Stelle seiner Vorträge nur aphoristisch auf einige repräsentative Publikationen des 19. Jahrhunderts (von Marx, Darwin und Fechner) ein, die diesen Umschwung abbildeten;[70] er hatte in seinem Werk seit Jahrzehnten auf zahlreiche Aspekte des Geschehens in den verschiedenen Lebensgebieten des 19. Jahrhunderts hingewiesen – zuletzt noch ausführlich im ersten Ärztekurs.[71]

Die Veränderungen des 19. Jahrhunderts bedeuteten, so Rudolf Steiner weiter, in gewisser Weise auch das Ende des Christentums, obwohl die Kirchen noch immer existieren. Nicht einmal mehr eine innerliche Beziehung zu den «schlichten Erzählungen aus Palästina» habe der Geist des 19. Jahrhunderts erlaubt – und mit dem Kultus, einer «Handlung von höchster kosmischer Bedeutung»[72], wurde kein realer Sinn mehr verbunden. Aber nicht nur die Beziehung zum geistigen Leben veränderte sich, sondern die Menschen selbst. Sie wurden – zumindest tendenziell – zu intellektuellen «Schattenwesen», deren Tageserlebnisse keinen Eingang mehr in die nächtliche Welt des Geistes finden konnten[73] – und sie waren auf der anderen Seite, am Willenspol ihrer Organisation und Existenz, zunehmend den «Instinkten» ausgeliefert. In der Außenwelt gewannen die wirtschaftlichen Verhältnisse an «Wucht» und «Brutalität», wobei das schattenhafte Denken des Menschen immer weniger dazu in der Lage war, die Wirklichkeit des ökonomischen Lebens ganz zu erfassen; das «schattenhafte» Denken konnte nicht wirklich in dasjenige eindringen, «was sich äußerlich in der brutalen wirtschaftlichen Wirklichkeit abspielte».[74]

Das Bild, das Rudolf Steiner in den genannten Vorträgen über das 19. Jahrhundert zeichnete, war deutlich bis überdeutlich. Es ging ihm dabei in keiner Weise um eine Abwertung und Verurteilung der beteiligten und betroffenen Menschen, sondern um die Skizzierung einer entscheidenden Linie der europäischen Bewusstseinsentwicklung, die es zu verstehen gilt – und um das Aufzeigen einer dramatischen Gegenwartskrise, die in Zusammenhang mit den Vorgängen des 4. und 15. Jahrhunderts steht und auf die die Goetheanum-Initiative zu reagieren versuchte. Steiner ließ nie einen Zweifel daran aufkommen, dass die Prüfung in der Mitte des 19. Jahrhunderts sinnvoll und unbedingt notwendig war; folgenreich, ja verheerend war ihm zufolge jedoch, dass nach dem Tiefpunkt – oder Höhepunkt – der materialistischen Entwicklung kein spirituelles Leben in den 1860er und 1870er Jahren eingesetzt hatte;[75] von den Verhinderungen hatte er in seinen Vorträgen zur «geschichtlichen Symptomatologie» im Oktober/November 1918[76] und an anderen Stellen seines Werkes berichtet – und sie selbst in seiner Jugend teilweise noch miterlebt. Das Festhalten an der materialistischen Selbst- und Weltanschauung – und an der sie bedingenden Konfiguration des Menschen – habe zu den «furchtbaren Weltkatastrophen und Menschheitskatastrophen» des beginnenden 20. Jahrhunderts geführt, so betonte Rudolf Steiner in seinen Mitgliedervorträgen Anfang des Jahres 1921.[77] Die «Ahrimanisierung» der Wissenschaft und der gesamten Zivilisation aber hielt auch nach Ende des ersten Weltkriegs weitgehend an,[78] die fehlende Selbsterkenntnis des Menschen, der sich auf die sinnlich-«objektive» Welt fixiert und dabei innerlich vor dem Nichts steht. Die Naturerkenntnis früherer Zeiten war, so Steiner, immer mit menschlicher Selbsterkenntnis oder zumindest Selbsterfahrung verbunden. Seit dem 19. Jahrhundert aber existiere der von der modernen Wissenschaftlichkeit «ausgehöhlte» Mensch – «Er weiß nichts mehr von sich.» Den heutigen Menschen interessiere es gar nicht mehr, was er selbst in der Welt eigentlich für ein Wesen sei: *Die äußere Welt ist menschenleer geworden.»*[79] Nie zuvor, so betonte Rudolf Steiner, waren die Menschen in Europa so frei in ihrem äußeren Handeln gewesen – und nie zuvor kannten sie sich so wenig selbst, sich und ihre eigenen, innersten Impulse. Sie sind dabei, die Erde technologisch umzugestalten, mit der Schaffung einer neuen, obersten «geologischen» oder vielmehr artifiziellen Schicht, in der nur noch Maschinen, aber kein Leben mehr vorhanden ist.[80] Rudolf Steiner sprach von der Errichtung eines «Leichenfeldes» in Kontrast zu dem eigentlichen «Grundlebendigen der Welt»[81].

*

Er entfaltete diese Zeitdiagnose überwiegend im Goetheanum, im Bau der neuen Hochschule, die im September/ Oktober 1920 in gewisser Hinsicht «eröffnet» worden war.[82] Er umriss in einem großen Panorama mit überaus markanten Strichen, wo die Menschheit seines Erachtens stand – und wo er eine mögliche, aber auch existentiell notwendige Wende sah. Die weitere Ahrimanisierung der Menschheit könne nur «hintangehalten» werden, wenn in das «überintellektuelle» Leben, in das überindividualisierte, ganz von Egoismen durchzogene Dasein der Menschen die «Anschauung von der geistigen Welt» in neuer Weise einziehe, so sagte er.[83] Wie das vierte Jahrhundert nach Christus könne und müsse die nächste Zukunft eine Wende bringen, jedoch in die entgegengesetzte Richtung. Es gehe darum, den wahren «innersten Ruf der Menschheit» zu verstehen und erneut «Sucher nach dem Heiligen Gral» zu werden, in der neuerlichen Erfassung der kosmischen Welten und des «Ursprungs» des Christus, in der neuerlichen Ausarbeitung einer lebendigen Astronomie und Medizin, von den Sternen bis zur Substanz, vom Makrokosmos bis zum Mikrokosmos des Leibes.[84] Die Menschheit müsse erleben, wie unmöglich eine «bloße physische Astronomie» und wie unmöglich eine «bloße physische Medizin» sei. Hier sah Rudolf Steiner die Aufgabe der neuen Hochschule – an einem Umkehrpunkt der menschheitlichen Entwicklung. Über die «Grenzen der Naturerkenntnis» und deren Überwindung hatte er zur Eröffnungsveranstaltung des Baues, in den Morgenvorträgen des ersten Dornacher Hochschulkurses gesprochen, und den methodischen Weg zur Zukunft, zu neuen, «überphysischen» Erkenntnisformen und Bewusstseinsstufen aufgezeigt.[85] 1920 hatte er viele grundlegende naturwissenschaftliche Vorträge für die Lehrer der Stuttgarter Waldorfschule, noch vor dem ersten Ärztekurs, gehalten[86] – und im Januar 1921, in achtzehn Vorträgen, zu ihnen über Astronomie gesprochen.[87] Ohne darauf direkt Bezug nehmend, sagte er am 16. und 17. April 1921 zu den Mitgliedern im Goetheanum:

So wie uns eine lebendige Astronomie zeigen wird einen Himmel, einen Kosmos, der wirklich von jener Geistigkeit durchdrungen ist, aus der der Christus heruntersteigen kann, so wird uns die verlebendigte

Medizin den Menschen wiederum so vorführen, dass wir ihn ergreifen mit unserem Wissen, mit unserem Erkennen bis in sein Geheimnis des Blutes hinein, bis in diejenige organische innere Sphäre, wo sich die Kräfte des Ätherischen, des astralischen Leibes, des Ichs umwandeln in das physische Blut. In dem Augenblicke, wo wir das Geheimnis des Blutes ergriffen haben von einer wirklich medizinischen Erkenntnis und wo wir begriffen haben die Weltensphäre, die kosmische Sphäre durch eine durchgeistigte Astronomie, werden wir verstehen, wie aus diesen kosmischen Sphären der Christus heruntersteigen konnte auf die Erde und wie er finden konnte auf der Erde den Menschenleib, der mit seinem Blute ihn aufnehmen konnte. Es ist das Geheimnis des Grals, das im Ernste auf diese Weise gesucht werden muss: uns mit dem ganzen Menschen, mit Kopf und Herz auf diesen Weg nach dem spirituellen Jerusalem zu machen. Das ist die Aufgabe der modernen Menschheit.[88]

Hingefunden werden muss durch die Arbeit am Inneren der Menschenseelen der Weg zum Heiligen Gral. Das ist eine Erkenntnisaufgabe, das ist eine soziale Aufgabe.[89]

Dabei vertrat Rudolf Steiner auch 1921, was er über viele Jahre bereits betont und konkret aufgezeigt hatte – dass eine solchermaßen spirituell vertiefte Geisteswissenschaft auch die Möglichkeit biete, anders, individueller, freier und schöpferischer, ja im eigentlichen Sinne verwandelnd mit sinnesempirisch gewonnenen Ergebnissen der Naturwissenschaft umgehen zu können. Über den – ohne Anthroposophie – vorwaltenden, unpersönlichen, entindividualierenden und normativen Charakter ahrimanischer

Wissenschaftstendenzen und -institutionen sagte er am
1. April 1921 im Goetheanum:

Es gilt heute immer noch als etwas, was außerordentlich einschneidend in die ganze menschliche Naturent-
wickelung ist, dass die Wissenschaft gewissermaßen
wie ein allgemein über der Menschheit Schweben-
des ausgebildet werden soll, und dass die Menschen,
indem sie sich der Wissenschaft widmen, gewissermaßen ihre Individualität zum Opfer bringen sollen, dass
sie denken sollen, wie halt «jedermann» denkt. Das
ist ein Ideal namentlich unserer öffentlichen Lehran-
stalten, eine Wissenschaft, die ganz unpersönlich, die
ganz unindividuell ist, auszubilden, diese Wissenschaft
zu etwas zu machen, demgegenüber man möglichst
wenig «Ich» sagt und möglichst viel «man» sagt: *man*
hat dieses oder jenes gefunden, *man* muss dieses oder
jenes für wahr halten! – Und das Ideal gerade der offiziellen Vertreter der Wissenschaft heute wäre ja wohl
dieses, dass man die einzelnen Dozenten eigentlich
nicht sehr unterscheiden könnte – höchstens in Bezug
auf das Temperament –, wenn man von einer Hochschule an eine sehr entfernte andere Hochschule hin-
kommt. Es würde geradezu als ein Ideal gelten, wenn
man, sagen wir, einen Botanikvortrag irgendwo im
Norden anhören könnte, dann mit einem raschen Bal-
lon nach dem Süden fliegen könnte, dort die Fortset-
zung dieses Vortrages hören könnte und er ganz dem
entsprechen würde, was «man» eben in der Botanik
weiß! Etwas ganz Unpersönliches, Unindividuelles,
das ist dasjenige, was man auf diesem Gebiete als das
Richtige betrachtet, und man hat eine gräuliche Angst
davor, dass irgendwie etwas Persönliches in dieses
Wissen, in dieses Werk des menschlichen Verstandes

hineinziehen könnte. Gerade auf diesem Gebiete gilt das Nivellieren der ganzen menschlichen Kultur am allermeisten. Man ist stolz darauf, nur ja nicht abzuweichen von dem, was ein für alle Mal in einer gewissen Weise formuliert ist. Also man möchte dasjenige, was Wissenschaft ist, vom Menschen absondern.[90]

Ein solcher Umgang mit Wissenschaft, auch eine solche gesellschaftliche Verwendung von Wissenschaft wirke am Verlust der «Seelenhaftigkeit» in der Zivilisation entscheidend mit, ja, eine solche Wissenschaftspraxis werde selbst «Mörderin des menschlichen Seelenhaften und Geisteshaften»[91], wie Rudolf Steiner in einer drastischen Formulierung sagte. Demgegenüber entwickelte er die Möglichkeit, mit Hilfe imaginativer, inspirativer und intuitiver Erkenntnisformen das faktische Wissen zur «Weisheit» umzuwandeln – und zum seelisch-geistigen Eigentum der menschlichen Individualität werden zu lassen. Er strebte seit Jahrzehnten an, eine originäre Geisteswissenschaft nicht anstelle des konventionellen Wissenschaftsbetriebes zu etablieren, sondern die bestehende Wissenschaft zu erweitern und zu verwandeln. Das wirkliche Ich des Menschen sollte wieder in den Erkenntnisprozess aufgenommen und in ihm gestaltend tätig werden. All dies beginne damit, so betonte er am 1. April 1921, «dass sich der Mensch für das Wissen persönlich einsetzt, dass er es persönlich in sich aufnimmt und dass er es wieder verbindet mit demjenigen, was aus dem Umwege der Liebe zur allgemeinen Menschheitsangelegenheit wird.»[92]

*

Dieser Vorgang liegt durchaus im Bereich dessen, was Rudolf Steiner an anderer Stelle seiner Mitgliedervorträge im ersten Halbjahr 1921 als einen heutigen Weg zur Christus-Wesenheit beschrieb; es gehe, wie für die «europäischen Weisen» längst vergangener Jahrhunderte, aber in neuer Form darum, sich zum Christus durch innere Aktivität hindurchzuarbeiten, durch wirkliche Fragen. Anthroposophie benötige Fragen, auch wissenschaftliche und anthropologische Grenzerlebnisse – im Sinne der Schilderung des Buches «Von Seelenrätseln». Sie benötige die Freiheit des Menschen und die Impulse des Herzens. «Fragen müssen diejenigen Menschen werden, die im wahrsten Sinne des Wortes zur anthroposophischen Geisteswissenschaft gehören.»[93] Es gehe auch nicht primär darum, die Anthroposophie zu bejahen oder zu verneinen, sondern darum, sie zu verstehen, betonte er. Dann, so schilderte Rudolf Steiner am 24. April 1921 im Goetheanum, ändere sich auch das Verhältnis des Menschen zur geistigen Welt des Schlafes, die vom Materialismus des 19. Jahrhunderts korrumpiert worden war:

Man braucht sie [die anthroposophische Geisteswissenschaft] zunächst einfach nur zu verstehen. Versteht man sie, so schafft man ja mit dem, was das Ich sich als Verständnis errungen hat, nun in die Nacht hinein. Da bleibt man nicht mehr stumpf, wie bei dem bloßen intellektiven Verhalten zur Welt, da lebt man vom Einschlafen bis zum Aufwachen mit einem anderen Inhalt in der fein filtrierten Geistigkeit. Und dann wacht man auf und hat eine allerdings immer nur kleine Möglichkeit des innerlichen Aneignens zugesetzt zu dem, was man sich bemüht hat, intellektuell zu verstehen. Aber ich möchte sagen, mit jeder Nacht, mit jedem Schlafen setzt sich etwas dazu von einer innerlichen Beziehung, der Mensch bekommt eine innerliche Beziehung. Er trägt das, was er als Nachklang seines Tagesverstehens in die außerkörperliche Welt hinausträgt, beim Einschlafen wieder herein, und dadurch bekommt er eine Beziehung, eine ganz aus dem Realen herausgeholte Beziehung zu der geistigen Welt ...[94]

Von wesentlicher Bedeutung für den grundlegenden Veränderungsprozess, der in der Gegenwart des 20. Jahrhunderts einsetzte (und dies keineswegs nur im Bereich der Anthroposophie), ist die ganze Frage der «Wiederbelebung» des Denkens – damit es Imagination werden, neu zum Leben aufgerufen werden kann. Der Materialismus und seine Folgekatastrophen können, so Steiner, nur dann überwunden werden, wenn die Intellektualität sich imaginativ, inspirativ und intuitiv vertieft und der Mensch dadurch zu einer neuen Geistigkeit gelangt, zum «lebendigen Geist».[95] Über diesen methodischen Weg hatte Rudolf Steiner im Verlauf des ersten Hochschulkurses gesprochen;[96] wie wichtig, ja mitentscheidend er für den Gang der weiteren Zivilisationsentwicklung ist, zeigte er in den Mitgliedervorträgen des ersten Halbjahres 1921 eindrucksvoll auf. Deutlich wurde dabei unter anderem, dass es nicht nur um eine Wendung im Bereich des menschlichen Erkenntnislebens geht, sondern um einen fortgesetzten Prozess der *Menschwerdung* – «Menschen werden so, dass der Intellekt durchwärmt werde vom Herzen, das Herz durchzogen werde vom Intellekt.»[97] Was Rudolf Steiner als notwendige Humanisierung der Wissenschaft und «Menschwerdung des Menschen» vor Augen stand, beinhaltet diese Vorgänge und ist ohne sie in keiner Weise zu leisten. Am 30. Januar 1921 sagte er in Dornach:

Während heute die Menschheit so lebt, wie sie eben lebt, dass sie sich autoritativ die Wissenschaften von den verschiedenen Anstalten aus vorbringen lässt, besteht schon in den geistigen Welten ein heiliges Gebot: dass ergänzt werden muss die äußere Wissenschaft durch die Wissenschaft von der Erkenntnis des Menschen.[98]

Wissenschaften *ohne* menschliche Selbsterkenntnis sind per se schädlich und führen, so Rudolf Steiner, zu einer «Verahrimanisierung» der Menschheit. Wissenschaften mit dem «Gegenbilde menschlicher Selbsterkenntnis» seien dagegen eine «Wohltat für die Menschheit» – «denn sie führen die Menschheit wirklich zu dem, wozu diese Menschheit kommen soll in der nächsten Zeit. Keine Wissenschaft darf es geben, die nicht in irgendeine Beziehung zum Menschen gerückt wird. Keine Wissenschaft darf es geben, die nicht verfolgt wird bis in das Innerste des Menschen hinein, wo sie, wenn man sie dahinein verfolgt, erst ihren rechten Sinn erhält.»[99] Die Wissenschaften der Zukunft müssten von menschlicher Selbsterkenntnis «durchleuchtet» werden.[100] Nur dann werde auch die Durchdringung des sozialen Lebens mit imaginativer Kraft[101] möglich. Den «wirkenden Geist» an die Stelle des gedachten zu setzen, heiße, in der Gegenwart die «soziale Grundforderung» empfinden, so schrieb Rudolf Steiner Edith Maryon 1921 in ein Buch.[102]

*

Interessanterweise hob Steiner in diesem Zusammenhang auch hervor, dass es in nächster Zukunft darum gehe, die Denk- und Anschauungsweisen der ersten Jahrhunderte nach der Zeitenwende wiederzufinden – «man muss wiederum zu Vorstellungen kommen, die nun wirklich entsprechend sind dem, was in den ersten christlichen Jahrhunderten gedacht worden ist»[103] –, was er auch in anderen, späteren Vortragszusammenhängen geltend machen sollte:

> Neuere geologische Schichten bedecken immer die alten, und man muss erst durch die neueren Schichten hindurch, wenn man zu den alten hinunterkommen will. Man möchte vielleicht nicht glauben, wie dick die Schichten sind, die historisch abgelagert sind im Menschenwerden. Denn, was sich da vom 4. Jahrhundert ab unter dem Einfluss des Romanismus als Schichten gelegt hat über die ersten Auffassungen des Mysteriums von Golgatha, das ist sehr dick. Aber wir müssen wiederum die Möglichkeit finden, durch ursprüngliche Geisteserkenntnisse diese Schichten zu durchdringen, um auch das Altehrwürdige, das als Geistiges ebenso hinweggefegt worden ist wie die alten heidnischen Altäre, wiederzufinden.[104]

> *Heute ist [...] die Zeit, wo die Menschheit sich unbedingt zurückerinnern muss an dieses spirituelle Erfassen des Christentums in den ersten christlichen Jahrhunderten.*[105]

Die «Denkweise der ersten Christen»[106], so Steiner am 3. Juni 1921 in Dornach, habe beispielsweise *nicht* die Vorstellung vom «Weltuntergang» im schlichten Verständnis einer Katastrophe impliziert, sondern sei von dem Bewusstsein bestimmt gewesen, dass die Erde in Zukunft nicht weiter das tragende Prinzip bieten könne – und der Mensch die Aufgabe habe, sich als «Geist unter Geistern» zu begreifen. Ein solches Bewusstsein, *vor* dem materialistischen Umbruch des vierten nachchristlichen Jahrhunderts formuliert, könne und müsse in der Gegenwart in veränderter Form neu entwickelt werden. Es gelte zu lernen, «die Welt um uns herum als eine geistige anzusehen» – und um ein Bewusstsein der Tatsache, dass die Erde, «insofern sie Natur ist», im Niedergang begriffen sei.[107] Es gehe um ein Lebenlernen in einer geistigen Welt, in einer Welt des Geistes, um ein Vertrauen in den Geist und nicht in die sinnliche Welt, die keinerlei Sicherheit und keine Dauer verbürge. Der Materialismus lehre nach wie vor das Gegenteil und erbaue Sicherheitssysteme in der Sinneswelt – unter Ignorierung des Geistes:

> Es ist in der Tat ein eigentümliches geistiges Schicksal der Menschheit, dass sie in der geistigen Welt lebt und es nicht weiß und nicht wissen will.
> Dieser Irrtum der Menschen, nicht zu wissen, dass sie in einer geistigen Welt leben, das ist es, was das Unheil über die Welt heraufgebracht hat, das macht, dass die Kriege immer blutiger und blutiger werden und dass immer deutlicher und deutlicher wird: die Menschen sind wie besessen. Sie sind auch von den bösen Mächten besessen, die sie durcheinanderführen, denn sie reden gar nicht mehr, als ob sie dasjenige aussprechen würden, was in ihrem Ich liegt. Sie sind wie von einer Psychose besessen. (3. Juni 1921[108])

Die von Steiner aufgewiesene Problematik hat auch 100 Jahre später offenkundig wenig von ihrer Brisanz verloren.

Darüber hinaus sprach Rudolf Steiner zu den Mitgliedern der Anthroposophischen Gesellschaft davon, dass es unter veränderten geschichtlichen Umständen darum gehe, den «Weg in die Wahrheit selber zu suchen» und «aktiv an dem Wahren mitzuarbeiten».[109] In der Auseinandersetzung mit Spenglers Untergangsvisionen hatte er diesen Punkt im Verlauf des Jahres 1920 immer wieder hervorgehoben und markant mit der Dimension des spirituellen Willens in Zusammenhang gebracht.[110] In den Mitgliedervorträgen des ersten Halbjahres 1921 machte er dann erneut geltend, wie vordringlich die Aufgabe sei, den eigenen Willen mit Ideenkraft und Spiritualität zu durchdringen, ja, dem «Christus-Impuls» Eingang in den Willen zu verschaffen.[111] Von der Ausbildung eines durchgeistigten, von lichtvollen Impulsen bestimmten Willens, der immer «bewusster und bewusster» werden müsse, hänge in der Gegenwart und nahen Zukunft vieles, wenn nicht alles ab.[112] Das materialistische 19. Jahrhundert hatte das «tote» Vorstellungsdenken und den Durchbruch einer instinktiven Willenssphäre gefördert – mit schwerwiegenden, zerstörerischen Folgen in Politik, Ökonomie und sozialem Leben. Angesichts dieser Entwicklungen sprach Rudolf Steiner von der Notwendigkeit einer neuen *Menschwerdung* und damit radikalen Umwandlung – nicht nur der Gesellschaft, sondern auch des Menschen als solchem. Anthroposophen sollten, so betonte er, «Pioniere» dieser geistigen Erneuerung sein oder werden;[113] die spirituelle Willenskultur im Umgang mit der Geisteswissenschaft fange dabei mit ihrer Rezeption an, mit dem intensiven Versuch ihres Verstehens.[114]

Am 9. April 1921, zwei Wochen nach Ostern, sagte er beim zweiten anthroposophischen Hochschulkurs in positiver Zukunftswendung und mit Blick auf das Goetheanum:

Vielleicht können für eine gewisse Zeit manche Mächte der Finsternis niederdrücken, was angestrebt wird von hier aus. Auf die Dauer werden sie es nicht können, wenn die Wirklichkeit dem Wollen entspricht, wenn wirklich etwas Lichtes enthalten ist in dem, was Anthroposophie will. Denn die Wahrheit hat Wege, welche nur sie auffinden kann und welche den Mächten der Finsternis doch nicht auffindbar sind.[115]

*

Auch viele andere Motive der Mitgliedervorträge des ersten Halbjahres 1921 wären an dieser Stelle zu nennen, die noch immer von aktueller Bedeutung scheinen bzw. weiter an Aktualität gewinnen und indirekt mit dem Materialismus-, Ahriman- und Widerstandsthema zu tun haben, angefangen mit Rudolf Steiners wichtigem Stuttgarter Vortrag vom Epiphanias-Tag (6. Januar 1921) über die Schicksalshintergründe großer Bevölkerungsgruppen, über die er drei Wochen zuvor, am 14. Dezember 1920, erstmals in Bern gesprochen hatte.[116] Steiners Perspektiven auf die so gefassten Zusammenhänge Europas mit dem Orient und Okzident sind erstaunlich,[117] auch seine wiederholte Warnung vor dem drohenden Ende der mitteleuropäischen Geistigkeit und ihrer «Überflutung» durch das westliche Denken war nicht aus der Luft gegriffen, durch eine kapitalistische, entindividualisierte Ökonomie und Spitzentechnologie ahrimanischer Diktion.[118] In längerer Perspektive hielt Steiner 1921 für möglich, dass der Okzident und der Orient, dass Nordamerika und Asien (China?), als ökonomisch und technologisch weit vorangeschrittene Mächte, sich eines Tages, nach konflikthaften Auseinandersetzungen, gegen die «Mitte» (einer «Synthese» von Natur und Geist, Geistes- und Naturwissenschaft) verbünden und eine neue Weltzivilisation, weitgehend ohne Individualität und Freiheit, generieren würden.[119]

Von den enormen Schwierigkeiten der Seelen, unter den gegebenen Inkarnationsumständen, angesichts des dominanten naturwissenschaftlichen Materialismus, ihren Erdenleib ergreifen zu können, sprach Steiner dagegen in einem streckenweise dramatischen Stuttgarter Vortrag vom 16. Januar 1921, und sagte unter anderem:

Wir bringen in unseren Seelen nichts mehr herüber [...] aus früheren Erdenerlebnissen. Wir bringen wohl die Ergebnisse unserer moralischen Qualitäten herüber, aber wir bringen im Grunde genommen aus den früheren Erlebnissen, aus den früheren Erdenleben nicht dasjenige in dieses Erdenleben hinein, was zu einem irgendwie gearteten angeborenen Wissen von den Geheimnissen der Welt führen könnte. Die Seelen kommen heute nicht so in die Leiber herein, wie sie zum Beispiel noch in die griechischen Leiber hereingekommen sind. Die Seele, die durch die Geburt gegangen war im griechischen Leben, die kam noch mit einer durch das alte Wissen gespeisten Kraft in den physischen Leib herein, so dass sie diesen physischen Leib durchfrischen konnte mit geistig-seelischer Lebenskraft. Das ist heute nicht der Fall. Heute kommt zumeist die Seele so in den Leib herein, dass sie etwas für den Leib Aufzehrendes hat. Und in immer stärkerem und stärkerem Maße ist das der Fall, dass die Seelen, die heute geboren werden, etwas für den Leib Aufzehrendes haben, dass sie den Leib lähmen, dass sie ihn gewissermaßen mit Todesgewalten durchziehen. Würde die Entwickelung in diesem Sinne vorschreiten, so kämen wir ganz gewiss in die Untergrabung, in den Niedergang des Erdenlebens hinein. Die Menschen würden immer willensschwächer und willensschwächer. Die Menschen würden immer mehr und mehr zeigen, wie sie sich nicht aufraffen können zum Erfassen von aktiven Impulsen. Die Menschen würden gewissermaßen nur wie automatische Erfasser des Lebens durch dieses Leben gehen. Wie traurig ist es, dass wir in der Gegenwart sehen müssen, wie selten es ist, dass sich die Menschen innerlich befeuern lassen von lebendigen Ideen. Wie sehr finden wir, dass die Menschen der Gegenwart, man möchte sagen, an seelischer Sklerose leiden, dass sie tote Ideen wälzen, dass sie nur dasjenige, was sie mit den Traditionen aufnehmen, in ihren Köpfen wälzen und Automaten werden.[120]

Motive dieser Schilderung kehrten gegen Ende der Weihnachtstagung der Anthroposophischen Gesellschaft (am 1. Januar 1924) wieder.[121] – Eindringlich machte Steiner seinen Zuhörern in Stuttgart im Januar 1921, parallel zu seinem Lehrerkurs über eine neue Astronomie, deutlich, was alles von der dringend notwendigen «Durchgeistigung» der Naturwissenschaft im Hinblick auf die Lebensbedingungen der menschlichen Seele abhängig ist – «Der Fortbestand der Seele, ihre Gesundheit, ja der Fortbestand des Seelenlebens selbst, die Abwendung des Seelentodes der Menschheit hängen an der Durchgeistigung unseres Naturwissens.»[122] Zu Beginn des dritten Jahrzehnts des 21. Jahrhunderts und im gesellschaftlichen Bann einer dominanten naturwissenschaftlichen Virologie – und ihrer Auswirkung auf das Leben und Seelenleben der Menschheit – erscheinen Rudolf Steiners Vorhersagen plausibler denn je;[123] Vergleichbares lehrt der Blick auf die reduktionistische Neurobiologie mit ihrer suggestiven Folgen für das Selbstverständnis des modernen Menschen.[124] Viele andere Beispiele könnten zwanglos aufgezählt werden. «*Der Fortbestand der Seele, ihre Gesundheit, ja der Fortbestand des Seelenlebens selbst,*

*die Abwendung des Seelentodes der Menschheit hängen
an der Durchgeistigung unseres Naturwissens ...»*

Im Hinblick auf die Inkarnations- und Entwicklungs-
bedingungen der Menschenseele kam Rudolf Steiner in
seinen Mitgliedervorträgen des ersten Halbjahres 1921
auch noch einmal auf ein Thema zurück, das er 1920
erstmals als solches benannt und wiederholt besprochen
hatte: auf die Dimension der «Ungeborenheit» und
ihre notwendige Berücksichtigung in einer Pädagogik
und Gesellschaft der Zukunft.[125] So sprach er am
21. Januar 1921 im Goetheanum über die Bedeutung
eines bewussten «Hinblickens» auf die Präexistenz
der Seele, auf den kosmischen Inkarnationswillen
und -weg einer Individualität. Eine solche Orientierung
des Menschenbildes, ja des Menschen in seiner Zuge-
hörigkeit zur geistigen Welt, sei dazu in der Lage, das
Gefühl und den Willen zu ergreifen und unmittelbar
zur «Lebenskraft» zu werden, im Selbsterleben und in
der Begegnung mit dem Anderen.[126] Steiner sprach in
diesem Zusammenhang auch von einer «Neugeburt des
Moralischen», die von großer Relevanz für eine künftige
Sozialkultur sein werde, für die Wiedergewinnung von
moralischer Intuition und Phantasie.[127] In pädagogischer
Hinsicht machte er unter anderem geltend, dass es in der
Gegenwart des 20. Jahrhunderts weniger denn je darauf
ankomme, die Kinder zu belehren, sondern vielmehr in
ihnen «wiederzuerwecken», was durch die vorgeburtliche
«Götterbelehrung» in der Tiefe ihres Wesens ruhe. Es
gehe nur darum, Hindernisse hinwegzuräumen und damit
die Erinnerungsprozesse fördernd zu ermöglichen – «*So
müssen wir heute pädagogisch denken.*»[128] – Am 13. März
1921 betonte er im Goetheanum, der «Kampf» um
die Anerkennung der menschlichen Präexistenz müsse
nunmehr «mit aller Energie» geführt werden, darunter

auch der Kampf um den Begriff bzw. um das Wort «Ungeborenheit». Auf die Bedeutung dieser sprachlichen Dimension war Rudolf Steiner 1920 noch nicht eingegangen; nun beschrieb er sie erstmals – und zwar im Zusammenhang einer Auseinandersetzung mit Ahriman:

> Der Mensch muss erkennen, dass er war, ehe er geboren oder empfangen wurde im physischen Dasein. Er muss ehrerbietig und heiligend aufnehmen dasjenige, was ihm aus göttlich-geistigen Welten zugeteilt war vor diesem physisch-irdischen Dasein. Dadurch, dass er zu dem Glauben an das Nachtodliche fügt das Erkennen des Vorgeburtlichen, bereitet er seine Seele so vor, dass sie von Ahriman nicht angefressen werden kann.[129]

Die Tatsache, dass gegenwärtig ein Begriff der menschlichen Postexistenz, aber nicht der Präexistenz vorhanden ist, ja, das Wort «Ungeborenheit» überhaupt nicht existiert, bezeichnete Steiner als ein «Symptom» – «Daran zeigt sich die Verahrimanisierung der modernen Zivilisation.»[130] Der Begriff und auch das Wort seien wichtig, außerordentlich wichtig, und es gehöre zu den Aufgaben der Anthroposophie, sich in dieser Ausrichtung – durch die Einführung des Wortes in den Sprachschatz der Zivilisation – zu engagieren. «*Man darf überhaupt nicht unterschätzen die Bedeutung, welche im Worte liegt.*»[131] Erläuternd sagte Rudolf Steiner dazu:

> In dem Augenblicke, wo sich der Gedanke umprägt zum Worte, selbst wenn das Wort als solches nur gedacht wird, wie in der Wortmeditation, in demselben Moment prägt sich das Wort ein in den Äther der Welt. Der Gedanke prägt sich als solcher nicht in den Äther

der Welt ein, sonst könnten wir niemals im reinen Denken freie Wesen werden. Wir sind ja in dem Augenblicke gebunden, wo sich etwas einprägt. Wir sind ja nicht durch das Wort frei, sondern durch das reine Denken – das können Sie in meiner «Philosophie der Freiheit» des Weiteren ersehen –, aber das Wort prägt sich dafür in den Weltenäther ein.

Nun bedenken Sie: Für die Initiationswissenschaft liegt ja heute einfach die Tatsache vor, dass im ganzen Erdenäther dadurch, dass die zivilisierten Sprachen kein gangbares Wort für Ungeborenheit haben, dieses für die Menschheit wichtige Ungeborensein überhaupt nicht dem Weltenäther eingeprägt wird. Alles das aber, was an wichtigen Worten eingeprägt wird in den Weltenäther vom Entstehen, von alldem was den Menschen betrifft in seiner Kindheit, in seiner Jugend, all das bedeutet einen furchtbaren Schrecken für die ahrimanischen Mächte. Unsterblichkeit im Weltenäther eingeschrieben, das vertragen die ahrimanischen Mächte eigentlich sehr gut, denn Unsterblichkeit bedeutet, dass sie mit dem Menschen eine neue Schöpfung beginnen und mit dem Menschen hinauswandern wollen. Das irritiert die ahrimanischen Wesenheiten nicht, wenn sie immer wieder den Äther durchsausen, um mit dem Menschen ihr Spiel zu treiben, wenn da so und so viel von den Kanzeln von Unsterblichkeit verkündet wird und in den Weltenäther eingeschrieben wird. Das tut den ahrimanischen Wesen sehr wohl. Aber ein furchtbarer Schrecken für sie ist es, wenn sie das Wort «Ungeborenheit» in den Weltenäther eingeschrieben finden. Da löscht für sie überhaupt das Licht aus, in dem sie sich bewegen. Da kommen sie nicht weiter, da verlieren sie die Richtung, da fühlen sie sich wie in einem Abgrund, wie im Bodenlosen.

Und daraus können Sie ersehen, dass es eine ahrimanische Tat ist, die Menschheit davon abzuhalten, vom Ungeborensein zu sprechen.[132]

Dann fügte Steiner noch hinzu:

Mag es der modernen Menschheit noch so paradox vorkommen, wenn man ihr von solchen Dingen spricht, es bedarf die moderne Zivilisation des Sprechens über solche Dinge. [...] Es ist im Grunde genommen nichts Geringeres als der Kampf gegen die ahrimanischen Mächte, den wir selber aufnehmen müssen. Und schließlich, mögen es die Leute wissen oder nicht, das, was vielfach gegen anthroposophisch orientierte Geisteswissenschaft vorgebracht wird, es ist zu gleicher Zeit der Kampf des Ahriman gegen dasjenige, was als der Menschheit notwendig immer intensiver und intensiver durch anthroposophisch orientierte Geisteswissenschaft betont werden muss.[133]

*

Da Rudolf Steiner die publizistische Diffamierung der Anthroposophie in dieser Form als Ausdruck eines ahrimanisch inspirierten Kampfes gegen den Einschlag des Neuen und Menschheitsnotwendigen sah[134] – und da die negative Pressekampagne gegen ihn, sein Werk und das Goetheanum in vollem Umfang anhielt, ja sich noch weiter steigerte –, kam er in seinen Mitgliedervorträgen des ersten Halbjahres 1921, nolens volens, wiederholt auf diese Problematik zurück, zu der er bereits 1920 umfänglich Stellung bezogen hatte.[135] Seine Einschätzungen waren nun noch gravierender und seine Warnungen noch deutlicher als im Vorjahr. Am 17. April 1921 sprach er im Goetheanum davon, dass man von überall her diejenigen «Mächte» geistig aufsteigen sehe, die den Weg der spirituellen Aktivität «verbauen» wollten. Dann sagte er, situationsbeschreibend und mit Blick in die Zukunft:

Dass dies der Fall ist, darauf musste ich seit langer Zeit hinweisen und seit langer Zeit musste ich immer wieder und wiederum sagen: Was heraufzieht als gegnerische Mächte, das wird immer heftiger und heftiger werden; und bis heute ist das durchaus eingetroffen. Und nicht etwa ist es möglich, heute zu sagen, dass diese Gegnerschaft ihren Höhepunkt erreicht habe. Diese Gegnerschaft hat noch lange nicht ihren Höhepunkt erreicht. Diese Gegnerschaft hat eine starke organisierende Kraft im Zusammenfassen alles desjenigen, was zwar in Wirklichkeit zum Untergange bestimmt ist, was aber in seinem Untergehen durchaus für die Zeit aufhalten kann dasjenige, was mit den Aufgangskräften arbeitet. Und demgegenüber sind die Kräfte, die hinarbeiten zur Aktivität der Seelen, heute schwach. Diejenigen Kräfte sind schwach, welche aus dem Erfassen der geistigen Welt heraus die Aufgangskräfte zu den Kräften ihrer eigenen Seele machen wollen. Die Welt hat einen ahrimanischen Charakter angenommen. Denn das musste geschehen, dass das Ich, indem es sich im Physischen erfasste, dann, wenn es nicht zur rechten Zeit sich hinaufhebt zum geistigen Sich-Erfassen als eines Geisteswesens, dass es dann, wenn es im Physischen bleibt, von den ahrimanischen Mächten ergriffen wird. Und dieses Ergriffenwerden von den ahrimanischen Mächten, das sehen wir; das sehen wir daran, dass, sowenig es sich die schläfrigen Seelen gestehen wollen, geradezu eine Hinneigung zum Bösen heute sich überall geltend macht.[136]

Die «Hinneigung zum Bösen» nehme ebenso zu wie die Malignität der Angriffe auf die Anthroposophie, das «starkes Besessensein der Menschheit von den Kräften des Bösen», ja, die «Liebe zum Bösen»:

Und wer heute nicht zu rechnen versteht mit dieser Liebe zum Bösen, mit diesem Immer-größer-und-größer-Werden gerade dieser Liebe zum Bösen in dem Kampf gegen anthroposophische Geisteswissenschaft, der wird ein Gefühl, eine Erkenntnis nicht in sich entwickeln können von dem, was noch alles heraufziehen wird an gegnerischen Kräften und gegnerischen Mächten. Seit Jahren wird gesprochen von mir von diesem Immer-größer-und-größer-Werden. Und wenn zunächst auch nichts anderes zu erlangen ist als ein deutliches Gefühl davon, dann muss wenigstens dieses deutliche Gefühl, das immerhin auch eine Macht ist, aufrechterhalten werden.[137]

Mit einem «nüchternen Blick» sollten die Anthroposophen, so Rudolf Steiner, die sie umgebende Welt betrachten – und erkennen, dass es ein Bestreben der ahrimanischen Mächte sei, die Freie Waldorfschule ebenso wie das Goetheanum verschwinden zu lassen:

Es ist nicht übertrieben, wenn gesagt wird: Alles dasjenige, was da ist als ‹Waldorfschule› und so weiter, als dieser Bau, es ist demgegenüber die tiefste, gründlichste Sehnsucht in der Welt vorhanden, uns das zu nehmen! Und wenn wir darauf nicht aufmerksam sind, wenn wir nicht einmal ein Gefühl von der ganzen Art und Weise dieser Kampfesweise in uns entwickeln, dann bleiben wir eben schlafende Seelen, dann ergreifen wir doch nicht mit innerer Wachsamkeit dasjenige, was durch anthroposophische Geisteswissenschaft quellen will.[138]

Von den «schlafenden Seelen» vieler Anthroposophen hatte Rudolf Steiner bereits 1920 gesprochen, wenn auch nicht mit diesen Worten. Nun aber wies er die Mitglieder darauf hin – zum ersten Mal am 30. Januar 1921 in Dornach –, dass Ahriman geradezu die zeitgenössischen Bildungsanstalten «umschleiche», um darüber zu wachen, dass sie sich nicht verändern.[139] Zu den neuen und existentiell bedrohten Bildungseinrichtungen aber zählte Rudolf Steiner auch das Goetheanum selbst und sagte in diesem Zusammenhang wörtlich:

Er [Ahriman] wird schon seine Hilfe leisten, wenn es sich darum handelt, so etwas wie dieses Goetheanum zu zerstören.[140]

Eine Woche zuvor, am 23. Januar 1921, hatte Steiner in seinem Mitgliedervortrag im Bau aus einer neuen Publikation vorgelesen, die gerade in Freiburg i. Br. erschienen war (Elsbeth Ebertin: «Ein Blick in die Zukunft?»); in ihr zitierte die Autorin die Zeitschriften-Ausführungen Karl Rohms, eines militanten Anthroposophie-Gegners, vom Oktober 1920 über die Brandzerstörbarkeit des Goetheanum («Der Tempel in Dornach»). Steiner brachte den Mitgliedern die entsprechende Rohm-Passage wörtlich zu Gehör: «Geistige Feuerfunken, die Blitzen gleich nach der hölzernen Mausefalle zischen, sind [...] genügend vorhanden, und es wird schon einiger Klugheit Steiners bedürfen, ‹versöhnend› zu wirken, damit nicht eines

Tages ein richtiger Feuerfunke der Dornacher Herrlichkeit ein unrühmliches Ende bereitet» – und sagte in seinem schlichten Kommentar:

> Hier ist sehr deutlich auf etwas hingewiesen, was die Welt gerne sehen möchte hier am Dornacher Hügel![141]

Die «Welt» sah das Spektakel des katastrophalen Großbrandes knapp zwei Jahre später, in der Silvesternacht 1922/23, nach langer Agitation und Demagogie. Rudolf Steiner wollte diese Perspektive im Januar 1921 verhindern und rief zu größerer Wachsamkeit für das Bauwerk auf, das von den Mitgliedern aus siebzehn Nationen über so viele Jahre, trotz des Ersten Weltkriegs, miterrichtet worden war – und noch immer seiner Fertigstellung entgegensah:

> Wenn über eine Sache aus den «geistigen Feuerfunken», von denen gesagt wird, dass sie «genugsam vorhanden sind», herbeigesehnt wird der «physische Feuerfunke», dann bedarf es des wachsenden Sorgens derjenigen, die vielleicht mit einiger Liebe an dem hängen, was äußerlich hier zustande gekommen ist, und an dem, was damit zusammenhängt. Es ist wirklich nötig, einige Sorge darauf zu verwenden, das Werk, das nun wirklich zusammengetragen ist aus der Arbeit und den Opfern vieler, zu bewahren. Denn derjenigen Leute, die mit ihrem ideellen oder sogar zu einer ruchlosen Tat schreitenden Willen dieses Werk hasserfüllt anschauen, sind heute wirklich genügend viele vorhanden![142]

Ehe er zu einer längeren Vortragsreise in die Niederlande aufbrach, sprach Steiner am 8. Februar 1921 im

Goetheanum noch einmal explizit über diese Zusammenhänge und wies auch auf seinen Vortrag vom 30. Januar und das darin enthaltene Zitat von Rohm hin. Geradezu entschuldigend hieß es am Ende dieser Darstellung: «Ich musste einmal das vor Ihrer Reise vor Ihre Herzen, vor Ihren Sinn, vor Ihre Gemüter bringen.»[143] – Die Mitarbeiter des Goetheanum ließen diese deutlichen Warnungen keinesfalls unbeachtet; eine eigene Feuerwehr wurde am Goetheanum zur Vorsorge organisiert, ebenfalls ein ständiger Wachdienst. Ob dies in Rudolf Steiners Augen jedoch hinreichend zum Schutz des Baues geschah, auch in spiritueller Hinsicht, ist nicht bekannt, aber nicht unbedingt wahrscheinlich.

*

1920 hatte der katholische Pfarrer und Domherr von Arlesheim, der Nationalist, Rassist und Antisemit Max Kully, mit seiner hochgradig aggressiven Polemik gegen Rudolf Steiner und die Anthroposophie eingesetzt.[144] 1921 führte Kully seinen «Feldzug», der auf die Austreibung der fremden Anthroposophen aus der Schweiz zielte, mit allen Mitteln fort. 1920 hatte Steiner, auch vor dem Hintergrund dieser Vorgänge, wiederholt und in vielen Einzelheiten über die wirkenden Kräfte in der katholischen Kirche gesprochen, die lichten und die zerstörerischen. Er hatte seine großen Vorträge über Thomas von Aquin und die Scholastik gehalten und gezeigt, welche Zukunftsmöglichkeit im Katholizismus noch in den 1860er Jahren aufgeleuchtet, dann jedoch von Gegenkräften der Restauration und des orthodoxen Dogmatismus verdrängt worden waren.[145] Im ersten Halbjahr 1921 betonte er vor den Mitgliedern der Anthroposophischen Gesellschaft, dass der Katholizismus der Gegenwart, in seiner herrschenden Fraktion, das neue «Geistesstreben» auslöschen bzw. «tottreten» wolle – alles dasjenige, was sich mit der Anthroposophie als «Neues» in die Erdentwicklung geltend mache. «Dieser Wille des Auslöschens ist durchaus vorhanden», sagte er am 6. Februar 1921 am Rednerpult des Goetheanum.[146] Vom «Wille zur Vernichtung»[147], auch zur Vernichtung der ganzen «anthroposophischen Weltanschauung»[148] sprach Steiner an anderen Stellen und sah darin *ein* Symptom des umfassenden Kampfes, den Ahriman mit Michael um die Zukunft der Erdenzivilisation führt. Innerhalb seiner Betrachtungen über die Entwicklungsgeschichte des Materialismus sagte er am 17. April 1921 vor den Mitgliedern der Anthroposophischen Gesellschaft:

Für uns kommt es aber an auf die Kraft, festzustehen auf dem als richtig erkannten Boden. Ja, es wird nichts unversucht bleiben, um diesen Boden zu untergraben, dessen können Sie sicher sein.

Ich musste das noch einmal aussprechen, gerade in Anlehnung an die Betrachtungen des Herganges der europäischen Zivilisation, denn es ist notwendig, dass wenigstens die Absicht entsteht, sich fest zu stellen auf den Boden, den wir als den richtigen erkennen müssen. Und es ist notwendig, dass man unter uns sich nicht den ja auch so beliebten Illusionen über die Gegnerschaften hingibt. Es wird darauf ausgegangen, uns den Boden zu unterhöhlen. An uns ist es, so viel zu arbeiten, als nur irgend geht, und wenn der Boden unterhöhlt werden sollte und wir hineinfielen in den Spalt, dann müsste unsere Arbeit dennoch so gewesen sein, dass sie ihren geistigen Weg durch die Welt findet. Denn was da auftritt, es ist das letzte Zucken einer untergehenden Welt; aber sie kann auch noch, wenn es das letzte Zucken ist, wie ein Tobsüchtiger um sich schlagen; man kann unter diesem tobsüchtigen Umsichschlagen sein Leben verlieren. Deshalb muss wenigstens erkannt werden, aus welchen Impulsen heraus das tobsüchtige Umsichschlagen geschieht. Mit kleinen Mitteln wird nichts erreicht; an das große müssen wir appellieren.

Versuchen wir, gewachsen zu sein einem solchen Appellieren! Ich musste dieses einschließen, damit gefühlt werde, dass wir in einem wichtigen, bedeutungsvollen, entscheidungsvollen Momente stehen und dass wir zu überlegen haben, wie wir die Kraft finden sollen, um durchzukommen.[149]

Das «tobsüchtige Umsichschlagen» hielt auch nach 1921 und nach dem Brand des Goetheanum an und es betraf keineswegs nur die Auseinandersetzung mit der Anthroposophie. Was mit 1933 einsetzte, gehörte voll und ganz zu dieser Dynamik; aber bereits 1921 war ein Mann wie Hitler mit all seinem Hass überaus präsent. Er war Propagandaleiter der NSDAP, deren – von ihm mitentworfenes – Parteiprogramm vom Februar 1920 bereits die Verweigerung jeder deutschen Staatsbürgerschaft an Juden (als Nicht-«Volksgenossen» mit fremdem «Blut») und die Bekämpfung des «jüdisch-materialistischen» Geistes beinhaltete; am 21. Januar 1921 forderte Hitler für den künftigen Parteiführer der NSDAP diktatorische Vollmachten und organisierte am 5. Februar 1921 ihre erste Massenveranstaltung in München. Im Mai 1921 war er mit seinem Mitarbeiter Rudolf Heß beim bayerischen Ministerpräsidenten Gustav Ritter von Kahr, um die Möglichkeit zur Sammlung aller «nationalen Kräfte» zu besprechen; Ende Juli 1921 wurde er Parteivorsitzender der NSDAP mit diktatorischer Machtbefugnis. Im November benannte er seinen bisherigen «Ordnungsdienst», seine rechtsradikale Schlägertruppe, in «Sturmabteilung» (SA) um.[150]

*

Hitlers Aufsatz im «Völkischen Beobachter» vom 15. März 1921 ging den «Gnostiker und Anthroposophen Steiner» überaus hart an, den «Anhänger der Dreigliederung des sozialen Organismus und wie diese ganzen jüdischen Methoden zur Zerstörung der normalen Geistesverfassung der Menschen heißen».[151] Steiner wurde von rechtsradikalen Kreisen 1921 nicht nur die Beeinflussung des deutschen Außenministers Walter Simons vorgeworfen, sondern auch die Kriegsniederlagen Helmuth von Moltkes zur Last gelegt, den er ebenfalls manipuliert habe. – Gegen Vorwürfe unterschiedlichster Art in der Öffentlichkeit, darunter der Behauptung, er sei Jesuit, Kommunist oder Jude, musste sich Rudolf Steiner 1921 wiederholt zur Wehr setzen; am 23. Januar 1921 sagte er in einem Mitgliedervortrag im Goetheanum:

> So «genau» kennen einen die Leute! Aber man sollte doch einmal nachdenken darüber, ob nicht vielleicht gerade das, was am notwendigsten ist, heute ins Auge zu fassen, sowohl im Kommunisten wie im Juden wie auch im reichen Kommerzienrat steckt: der Mensch. Heute kommt es auf den Menschen an, und was gesucht werden muss, ist der Mensch in jeder Form. Denn die alten Parteischablonen, wie Kommunisten, die alten Volkszusammenhänge, wie Juden, und schließlich auch die alten Kommerzienratstitel bedeuten heute nur noch außerordentlich wenig, wo wir mit aller Gewalt hineinkommen müssen ins allgemein Menschliche.[152]

Immer wieder vertrat Rudolf Steiner in dieser Weise seinen Mitgliedern gegenüber den anthroposophischen Humanitäts- und Individualitätsgedanken. Er setzte auf die Möglichkeiten einer entsprechenden Entwicklung, im «aktiven Erfassen der Seelenkräfte» und innerlichen Erleben («das ja nicht gleich eine okkulte Entwickelung zu sein braucht»), dem «Erleben des Seelischen überhaupt». Die Ausrichtung des menschlichen Bewusstseins könne weiter in Richtung einer radikalen Egoität weisen und in das «blindeste Wüten der Instinkte» und in «nationale Chauvinismen» münden, gefördert durch die Kräfte des Materialismus und impulsiert von Ahriman.[153] Die Anthroposophische Gesellschaft habe, solange es irgendwie möglich sei, für das Gegenteil einzutreten, und dies mit Initiativkraft und Mut.

Rudolf Steiner erhoffte sich mehr und anderes von dieser Anthroposophischen Gesellschaft, als sie 1921 zu leisten imstande war, wie der geschichtliche Rückblick zeigt. Er bedauerte wiederholt die geringe Zahl wirklich aktiver Menschen und Repräsentanten in ihren Reihen[154] – und förderte die Mitglieder in seinen internen Vorträgen zu einem ungleich größeren «Weltblick» auf.[155] Es gehe um die Entwicklung eines «*Weltsinnes*»[156] anstelle kleiner, vereinsartiger Sozialvorgänge und selbstbezogener Gewohnheiten, die Steiner «Sekten»-artig fand. Mit all dem sei in der gegebenen Lage, angesichts der bestehenden, dringenden Aufgaben und der aversiven Pressekampagne endgültig abzuschließen und aufzuhören – «denn heute steht die anthroposophische Geisteswissenschaft so vor der Welt, dass sie zunächst ja von allen Seiten angegriffen wird, von allen möglichen Seiten verlästert wird. Das geschieht irgendeiner obskuren Bewegung durchaus nicht.»[157] Die Anthroposophische Gesellschaft habe die Aufgabe, eine öffentliche «Weltwirkung» zu erzielen und dabei überaus aktiv und produktiv mit dem anthroposophischen Geistesgut umzugehen, das ihr anvertraut sei;[158] sie habe sich den Herausforderungen der gegenwärtigen Zivilisation zu stellen. Am 8. Februar 1921 sagte Rudolf Steiner vor den Mitgliedern im Goetheanum:

Jeder von uns hat die Verpflichtung, so viel er kann, an der anthroposophischen Bewegung selber zu arbeiten, dass sie herauskomme aus jeglichem Outsidertum, aus jeder Engherzigkeit, und dass sie herauskomme aus jeder seelisch wollüstigen Mystik, dass sie wirklich durchdringe zu einem freien weltsinnigen Ergreifen der Geheimnisse des Daseins. Denn nur dann, wenn in einer solchen Weise die Geheimnisse des Daseins ergriffen werden, kann auch hingewirkt werden auf die Ziele des praktischen Lebens ... [159]

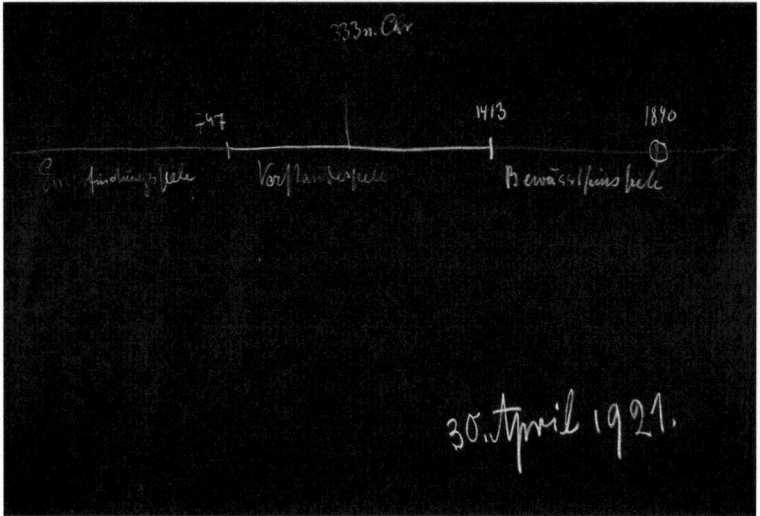

Rudolf Steiner, Wandtafelzeichnung zum Vortrag vom 30.4.1921,
GA 204, © Rudolf Steiner Archiv, Dornach

2. Überleben und Entwicklung – die Verantwortung des Menschen

Jahrhundert-Meditationen
Rudolf Steiners (1921)

Die Weltsituation wirkt in der Gegenwart in vieler Hinsicht so schwierig wie nie zuvor. Die Belastungen, die Ängste, die Sorgen und Verzweiflung, selbst der Kinder und Jugendlichen[159a], die Schwächen und Aussichtslosigkeiten nehmen dramatisch zu. Die Zivilisation erscheint weit davon entfernt zu sein, den «wirkenden Geist» an die Stelle des «gedachten» zu setzen[160] bzw. den im Wissen erstorbenen Geist «im Schauen» zu beleben und die Liebe erstehen zu lassen, wie Rudolf Steiner 1921 in sein Notizbuch schrieb.[161]

Das genaue Gegenteil scheint einhundert Jahre später der Fall zu sein: Ahriman gewinnt weiter rasch an Boden in seinem Siegeszug durch die Erdenwelt und Menschenseelen.[162] *«Bei jeder Schwankung sinkt die Menschheit tiefer. Wie weit wird das gehen?»*, fragte Simone Weil.[163]

Weil dem so ist, kommt der spirituellen Arbeit ein hoher, ja höchster Stellenwert zu. «Nur das Gleichgewicht zerstört die Gewalt und hebt sie auf.» (Weil[164]) Der Mensch muss versuchen, trotz des schwindenden Bodens, der sozialen Vereinsamung und entfremdeten Erdenwelt – oder gerade angesichts dieser Lage –, seines Wesenskernes inne zu werden, sein individuelles Gleichgewicht zu finden und seine Arbeit weiterzuführen, im Inneren wie im Äußeren, auch wenn dieses Äußere gegenwärtig wie verschlossen erscheint.

Einhundert Jahre alte Mantren Rudolf Steiners, die 1921 niedergeschrieben wurden, können, innerlich bewegt und durchlebt, dabei von großer Bedeutung sein. Sie können Begleiter des Menschen werden und Kräfte freisetzen, wesenhafte Kräfte. Sie können Beziehungen im scheinbaren Niemandsland stiften, uns neu orientieren. Nur das Ewige ist durch die Zeit unverletzbar, lehrte Simone Weil.[165]

> Das Weltall wacht
> Der Himmelskreis träumt
> Die Planetenwelt schläft
> Das Erdenwesen ruht
>
> Im Ruhen wacht der Mensch
> Im Schlafen fühlt der Mensch
> Im Träumen will der Mensch
> Im Wachen icht der Mensch
>
> Ich iche – ich bin
> Ich will – ich vergeh
> Ich fühle – ich werde
> Ich denke – ich bin nicht – es ist.

Diese Zeilen schrieb Rudolf Steiner im Juli 1921 in sein Notizbuch.[166] Es ist in Corona-Zeiten gut, das vordergründig, oberflächlich völlig chaotische Erdengeschehen als «Erdenwesen», als Wesen der Erde in der Meditation «ruhend» zu erfahren. Es ist gut, um das «wachende Weltall» zu wissen. In diesem wachenden Weltall sind der träumende Himmelskreis und die schlafende Planetenwelt geborgen («Wir müssen wohl Verbrechen begangen haben, derentwegen wir zu Verfluchten geworden sind; denn wir haben alle Poesie des Universums verloren», notierte Simone Weil[167]). Kann sich das «ruhende» Erdenwesen inmitten dieses «wachenden Weltalls» doch noch erholen, kann es gerettet werden, sofern die Menschheit andere Wege einschlägt, sich besinnt? Auch der Mensch kann «ruhen», so betont der mantrische Wortlaut, wachend ruhen und sich in seinem Ich finden, sich selbst vergewissern. Sein «ichen» – nach Grimm: sein «Ich-Sagen» – bestärkt ihn im Sein, nicht sein Denken. Aber das Denken kann ein Andenken und ein Anerkennen werden, ein Anerkennen der Weltgedanken und des Weltengeisteslichtes: «Es ist». Im Willensakt stirbt der Mensch, er opfert sich in die werdende Welt hinein; er kann sich mit ihrem Werden einen, fühlend einen, und sich selbst verändern, weiten.[168]

Dabei wird er sich freilich immer wieder zur Frage. Im Dezember 1921 schrieb Rudolf Steiner für einen Anthroposophen in Norwegen auf:

> Es spricht im Innern
>   Ich bin
> Ich spricht zum Äußern
>   Es ist
> Ich fühlt am Äußern
>   Es wirkt
> Ich will aus Eignem
>   Ich wirke
>
> Wer will im Eignen?
> Was wirkt am Äußern?
> Wer spricht zum Äußern?
> Wer spricht im Innern?
>
> Wollend weiß i c h mich seiend
> am wirkenden Äußern.[169]

Die Fragen bleiben, leben fort, heute mehr denn je. Die Antwortlosigkeit ist zu tragen, muss ertragen werden. Es gilt, die Fragen zu leben, auszuhalten, auch meditativ auszuhalten. Und dabei stets das wollende Ich und das gewollte Ich, den eigenen Daseinsgrund nicht aus den Augen zu verlieren, den wirken-wollenden Daseinsgrund. «Wollend weiß ich mich seiend / am wirkenden Äußern.» Es scheint schwieriger als zuvor: in der geschlossenen Welt des *lockdown* «wirken» zu können, an jenem «Äußern», das uns zu entschwinden droht. Oder aber: das jenseits von uns wirkt, uns bestimmt, ohne uns handelt, sich uns entzogen hat. Damit aber uns auch unser Ich entzieht oder zu entziehen droht. Das will Ahriman, der Fürst dieser Welt, und das gilt es zu verhindern.

Morgens:

Strahlender Sonnenstern
Leuchtendes Heimathaus
Weltenformender Wesen
Schließe mir auf
Herz und Seelensinn
Dass ich kräftig sei
In Zeit und Ewigkeit.

Abends:

Im Geiste wohnen
Und geistig atmen
Ist der Seele Trieb
Es wird mir
Schlafend
Wenn das Auge
Sich schützend schließt.

Diese Übung, die Rudolf Steiner im November 1921 niederschrieb[170], kann den Menschen, wirklich vollzogen, vor Ahriman retten, erretten, «in Zeit und Ewigkeit». Wir können uns allmorgendlich den Sonnenwesen öffnen und an ihrer Kraft teilhaben, sie in uns zur Wirkung bringen, so schwierig das «Äußere» auch sein mag. Aber Öffnungen, kleine Risse im Verhängnis, Spalten der Gnade sind zu finden, die es zu weiten gilt, mit Sonnenkräften entschieden zu weiten gilt. Die Nacht ermöglicht dann die geistige Atmung, das geschützte Wohnen im Anderen, im ganz Anderen der göttlich-geistigen Welt.

Bereits 1921, vor 100 Jahren, brauchten die Menschen zahlreiche Hilfestellungen, um sich innerlich halten und entwickeln zu können, geistig leben und überleben zu können, über das Bisherige, Altgewohnte, aber nicht mehr Tragende hinaus, trotz aller Hindernisse und Gefahren. Die Entwicklung muss aktiv geschehen. Im Sommer 1921 übergab Rudolf Steiner einer Frau die folgende Übung:

Morgens:

Ich sehe vor mir eine weiße Wand,
Darauf schreibe ich:
Ich bin.

Ich trete auf eine blaue Fläche,
Rechter Fuß: Ich drücke den Boden
Linker Fuß: Der Boden hält mich

Ich bin von dem rotgelben Firmament
      umschlossen
Das Firmament umkreist mich und wärmt mich
Ich atme ein: i

Ich halte meinen Atem in mir: a
Ich atme aus: o

Mittags:

Gottes Weisheit ordnet die Welt
Sie ordnet auch mich;
Ich will in ihr leben.
Gottes Liebe wärmet die Welt –
Sie wärmet auch mein Herz;
Ich will in ihr atmen.
Gottes Kraft traget die Welt –
Sie traget auch meinen Leib;
Ich will in ihr denken.

Abends:

Es wird dunkel sein
Meine Seele gehet ins Dunkel
Sie wird im Dunkel leuchten,
Leuchten, weil Weisheit, Kraft und Güte der
        Gottheit in ihr;
Weisheit, Kraft und Güte
Wachsen in ihr im Dunkel –
Durch sie w i l l meine Seele
Lebensvoll wieder strahlen
Durch Kopf, Herz und Glieder. –[171]

Sich selbst am Morgen auf eine «weiße Fläche» zu schreiben, auf dem Unbeschriebenen den eigenen Namen geltend zu machen, das «Ich Bin». Sich in seinen Gliedmaßen auf der Erde vergewissern, in der kraftvollen Berührung, in Tun und Empfängnis, Wirkung und Erhalt, Aktion und Reaktion. In den Tag gehen, handelnd, aber sich von

Sternenhelle und -wärme umhüllt wissen, und im Eigenen, in der Beziehung zum Umraum, gesichert und zentriert erleben: IAO. Gegen Mittag innehalten, einhalten. Sich der ordnenden Weisheit, Liebe und Kraft des Gotteswesens in der Außen- und Innenwelt bewusst werden und das eigene Leben, Atmen und Denken damit durchdringen. In den Abend und in die Nacht mit der Gewissheit gehen, dass das Seelenlicht leuchtet, am Göttlich-Geistigen wächst und willentlich wieder in den Leib zurückkehren wird – am Ausgang der Nacht, zum neuen Morgen. Für Angst ist hier kein Raum; hier ist kein Vakuum, kein Nichts – daher können auch keine Gegenkräfte einfallen, keine Mächte des Niedergangs. Daseinssicherheit 1921 und 2021, und durch alle weiteren Jahrhunderte hindurch, was auch kommen mag. «In Zeit und Ewigkeit».

Freilich geht es nicht nur um das eigene Bestehen, sondern auch um die Hilfe für andere, um den vollen Einsatz, die Selbstlosigkeit und den «sieghaften Geist», den «Lebensstrom der Menschheit».[172] Wie lernen wir, uns in das «Äußere» einzubringen, uns voll für Andere zu engagieren, auf «Leben und Tod»? Wie lernen wir wirklich, den Egoismus zu überwinden, den Christus-Weg der Nachfolge zu gehen, das Kreuz auf uns zu nehmen und uns mit der werdenden Welt zu vereinen, uns ihr hinzugeben? Und dies auch dann, wenn die «werdende Welt» ihrerseits in großen Schwierigkeiten lebt, im «lockdown» und in der Isolation der Angst? Wie halten wir stand? 1921 schrieb Rudolf Steiner die folgende Übung für einen Geistesschüler nieder:

Abends:
Rückschau

Rosenkreuz meditieren

Diesem Bilde stelle dich
Du, mein Ich, gegenüber.
Suche in dir die Kraft,
Suche in dir die Liebe,
Suche in dir dich selbst.
Stark zu sein gelobe
Dem Bilde da vor dir.

Morgens:

Rosenkreuz meditieren

Dem Bilde da vor dir
Gelobe stark zu sein.
Suche in dir dich selbst,
Suche in dir die Liebe,
Suche in dir die Kraft,
Stelle dich, du mein Ich,
Diesem Bild gegenüber.

(Seelenruhe)[173]

So vorbereitet, kann der Mensch auf seinem nächtlichen und taghellen Weg das selbstlose Ziel nicht aus den Augen verlieren – er hat sein inneres Richtmaß in sich, sein wahres Ich, seine Liebe und seine Kraft, sein Gegenüber und sein Golgatha. «Das Kreuz als Waage, als Hebel. Abstieg, Vorbedingung des Aufstiegs. Der Himmel, der auf die Erde herabsteigt, hebt die Erde zum Himmel hinauf.»

(Simone Weil[174]) Mit Ihm kann der Mensch weiter schreiten, ätherisch begleitet:

> Christus, das Sonnen-Liebeswort
> Es lebt in dem Lichtesstrahl
> Der in mein Auge dringet.
> Und es lebe der Christus
> In meinem ganzen Wesen,
> Und mit meinem ganzen Wesen
> Möge ich in Christus leben.

> Mit starkem Fühlen eine jede Zeile meditieren[175].
> *Mai 1921*

Der Mensch kann so zum Mitarbeiter des Christus werden, an der Welt von morgen; er kann sich dem Tode der Materie «entreißen» und sich mit Christus vereinen. Vereinen für die Arbeit an der Zukunft.

*

Die Welt von morgen, das kommende neue «Jerusalem» braucht lebendige Bauten, neue Formen und Gestalten. Es ist kein reines Geisterreich, denn es geht – noch immer – auch um die Zukunft der Erde, die ihr Entwicklungsziel keineswegs erreicht hat. Bauten, irdische Räume und Innenräume zu schaffen, ist daher von Bedeutung, nicht nur virtuell, sondern physisch, *auf Erden,* stofflich oder vielmehr «substantiell». Im Oktober 1921 schrieb Rudolf Steiner für die Grundsteinlegung eines Hauses «Auf der Höhe» in Arlesheim:

> In diesem Hause lebe Seele
> Sie durchdringe der Geist

Der suche im Grunde
Den festen Willen
Dass ihm werde
Der fromme Sinn
In allen Räumen des Baues
Und dass von oben
Sich einen kann
Des Geistes Segen
Und Gottes Gnade
In allen, die drinnen leben.[176]

Es war das Haus einer Astronomin, der sternkundigen Elisabeth Vreede, das solchermaßen im Oktober 1921 seine «Weihe» erhielt, seinen mantrischen «Grund-Stein».[177] Des «Geistes» Segen «von oben» wurde in diesem Haus mannigfaltig wirksam, auch «Gottes Gnade». Ein Kind, das in diesem Haus Aufnahme fand, war der schwerkranke Wilfried Immanuel Kunert aus dem «Heilpädagogischen Kurs».[178] Später, 1928, erbat Willem Zeylmans van Emmichoven von Elisabeth Vreede die Erlaubnis, die Worte Rudolf Steiners auch für den Grundstein seiner großen «Rudolf-Steiner-Klinik» in Den Haag verwenden zu dürfen, was sie ihm zusagte.[179] Krankenhäuser sind wesentliche Zukunftsorte, Stätten einer neuen Heilkunst, einer Entwicklung des Menschen in Krankheit und Therapie.

Zukunftsorte, Bauten und Boten der Zukunft, aber sind auch Schulen, Schulen für Kinder und Jugendliche. Sie sind gegenwärtig schwer in Mitleidenschaft gezogen, an vielen Orten der Welt geschlossen oder sehr verändert, in ihrer ursprünglichen Gestalt und Wesenhaftigkeit, ihrer ehemals lichten Wärme und Freude mitunter kaum noch erkennbar. Für die Grundsteinlegung zum Neubau der Freien Waldorfschule Stuttgart schrieb Rudolf Steiner im Dezember 1921:

Es walte, was Geisteskraft in Liebe
Es wirke, was Geisteslicht in Güte
Aus Herzenssicherheit
Aus Seelenfestigkeit
Dem jungen Menschenwesen
Für des Leibes Arbeitskraft
Für der Seele Innigkeit
Für des Geistes Helligkeit
Erbringen kann.

Dem sei geweiht diese Stätte:
Jugendsinn finde in ihr
Kraftbegabte, Lichtergebene
Menschenpfleger.

In ihrem Herzen gedenken des Geistes,
der hier walten soll, die, welche
den Stein zum Sinnbild
hier versenken, auf dass
er festige die Grundlage,
über der leben, walten, wirken soll:

Befreiende Weisheit
Erstarkende Geistesmacht
sich offenbarendes Geistesleben.

Dies möchten sie bekennen:
In Christi Namen
In reinen Absichten
Mit gutem Willen. – [180]

Es kann von Bedeutung sein, in den für die Schulen bedrohlichen Zeiten sich in diese Worte neu zu versenken, den Grundstein im Herzen zu beleben, zu erneuern und in die Zukunft zu tragen. Es ist heute sehr viel «Geisteskraft in Liebe» und viel «Geisteslicht in Güte» notwendig, um die Schulen aufrechterhalten und weiter «in Christi Namen» führen zu können, als Orte eines «spirituellen Protestes gegen den modernen Materialismus», wie Rudolf Steiner an seinem 60. Geburtstag, am 27.2.1921 in Den Haag, sagte.[181]

Wie kann sich das Geistesleben inmitten der globalen Krise wieder «offenbaren»? Wie kann die «Geistesmacht» neu zum Vorschein kommen – und wie die «befreiende Weisheit»?

Die Schulen brauchen Hilfe – und die Kinder und Jugendlichen brauchen für ihr Werden und für die Gestaltung der Erdenzukunft unsere «Herzenssicherheit» und «Seelenfestigkeit», heute mehr als je zuvor.

Für das Kind Brenda Binnie schrieb Rudolf Steiner 1921 auf:

Brenda:

Vom Kopf bis zum Fuß
Bin ich Gottes Kind;
Und Gott liebe ich
In allen Dingen:
In Stein und Pflanze,
In Tier und Mensch;
In Sternen und Wolken,
In Sonne und Mond.
In meinem Herzen
Lebt auch Gott,
Ich will ihm folgen
In allem meinem Tun.[182]

Auch die zwölfjährige Felicitas Stückgold erhielt von Rudolf Steiner 1921 einen persönlichen Spruch. Sie war 1909 rechtsseitig gelähmt zur Welt gekommen und litt später an schweren epileptischen Anfällen. Rudolf Steiner und Ita Wegman kümmerten sich – mit Elisabeth Stückgold und Albert Steffen – intensiv therapeutisch um sie, Felicitas war ein sehr sensibles, spirituell hochbegabtes Kind:

> Im Herzen find' ich Kraft,
> Im Kopfe find' ich Sinn,
> Besinn ich mich darauf,
> Kann ich mich befestigen
> In allen meinen Gliedern.
> Ich tu' es.
> Tue es mit aller Macht.[183]

Die Zeilen sind eine Heilmeditation für ein Kind, eine spezifische «Patientenmeditation» Rudolf Steiners.[184] Sie bilden zugleich einen Wahrspruch für das, was heute unzähligen Kindern und Jugendlichen auf der Erde nottut, die ohne Schule und Tagesrhythmus sind, ohne Sinngehalt und Zukunftsmut, im lebensarmen Dasein der Corona-Zeit. Sie verfügen über «Arbeitskraft», Seelen-«Innigkeit» und Geistes-«Helligkeit», aber stehen in vielen Ländern der Erde, ohne ihre Schulen, vor einer verschlossenen Welt. «Wollend weiß i c h mich seiend am wirkenden Äußern ...?» Die Kinder und Jugendlichen stehen vor einer Wand, einer «weißen» oder mitunter auch «schwarzen» Wand, und haben Mühe, ihren Namen auf sie zu schreiben, ihr «Ich bin». Viel Hilfe und Unterstützung sind notwendig für sie, viel kreativer Einsatz, im Äußeren wie im Inneren, in der Gestaltung des Lebens, in der Rettung oder Neuschaffung der Schulen – und in der «Befestigung» des Einzelnen im Leben. Die «Pfingstschneise» (Paul Celan) muss schöpferisch aufgefunden werden; es bleibt uns gar nichts anderes übrig.[185]

Die Menschheit muss in dieser Not handeln, kreativ und spontan handeln, im Äußeren und Inneren. Wir brauchen Ideen und gestaltenden Mut – und spirituelle Aktivität. Wir müssen den «Anker» ins Übersinnliche werfen (Rudolf Frieling[186]). Der Mensch kann auch für den Anderen meditieren, «in reinen Absichten / mit gutem Willen». «Die übernatürliche Liebe ist frei.» (Simone Weil[187]) Diese geistige Aktivität scheint mir, neben kreativer Aufbauarbeit im Äußeren, notwendiger denn je für den Fortbestand des Menschenwesens auf Erden. Dadurch, dass der Mensch esoterische Übungen macht, wächst er, so Rudolf Steiner, geistig in die Zukunft hinein. Er erlebt «Zukunftszustände der Menschheit»[188], nimmt sie gewissermaßen antizipierend vorweg, ruft sie an und ins Werden hinein, wenn auch nur im Geheimniszustand des Keimes, in der Verborgenheit eines Kleinen oder Kleinsten. «Innerhalb irgendeiner Ordnung kann eine höhere, ihr also unendlich überlegene Ordnung nicht anders vertreten sein als durch ein unendlich Kleines. Das Senfkorn, der Augenblick als Gleichnis der Ewigkeit …», schrieb Simone Weil in bedrängten Zeiten.[189] *Im Ruhen wacht der Mensch.*

Anmerkungen

1 Simone Weil: *Schwerkraft und Gnade.* Hg. Charlotte Bohn. Berlin ^{1}2021, S. 191.

2 Vgl. Peter Selg: *Die Eröffnung des Goetheanum und die Diffamierung der Anthroposophie.* Dornach und Arlesheim 2021.

3 Vgl. Rudolf Steiner: *Geisteswissenschaft und Medizin.* GA 312. Dornach ^{8}2020 sowie Peter Selg und Péter Barna (Hg.): *«Die Zukunft des medizinischen Lebens».* *Geisteswissenschaft und Medizin (GA 312). Vorgeschichte, Intention und Komposition. Materialien zum ersten Ärztekurs Rudolf Steiners 1920.* Dornach 2020.

4 Vgl. Peter Selg: *Der Untergang des Abendlands? Rudolf Steiners Auseinandersetzung mit Oswald Spengler.* Dornach und Arlesheim 2020.

5 Vgl. Rudolf Steiner: *Soziales Verständnis aus geisteswissenschaftlicher Erkenntnis. Die geistigen Hintergründe der sozialen Frage, Band III.* GA 191; *Der innere Aspekt des sozialen Rätsels. Luziferische Vergangenheit und ahrimanische Zukunft.* GA 193. Dornach ^{5}2007; *Die Sendung Michaels. Die Offenbarung der eigentlichen Geheimnisse des Menschenwesens.* GA 194; *Weltsilvester und Neujahrsgedanken.* GA 195; Wolfgang Greiner: *Das Antlitz des Bösen.* Dornach 1984; Thomas Meyer (Hg.): *Rudolf Steiner. Die Vorträge über Ahrimans Inkarnation im Westen aus dem Jahre 1919.* Basel 2016; Peter Selg: *Ahrimans Zukunft und das «Erwachen der Seelen». Zur Geistesgegenwart der Mysteriendramen.* Dornach 2021.

6 Rudolf Steiner: *Perspektiven der Menschheitsentwicklung. Der materialistische Erkenntnisimpuls und die*

Aufgabe der Anthroposophie. GA 204. Dornach [1]1979, S. 109.

7   Rudolf Steiner: *Die Verantwortung des Menschen für die Weltentwicklung durch seinen geistigen Zusammenhang mit dem Erdplaneten und der Sternenwelt.* GA 203. Dornach [2]1989, S. 242.

8   Ebd., S. 80.

9   Vgl. hierzu u.a.: Peter Selg: *Rudolf Steiner. 1861–1925. Lebens- und Werkgeschichte. Band 5: Soziale Dreigliederung und Waldorfschule (1919–1922).* Arlesheim [2]2017, S. 1438ff.

10 Rudolf Steiner: *Die Verantwortung des Menschen für die Weltentwicklung durch seinen geistigen Zusammenhang mit dem Erdplaneten und der Sternenwelt.* GA 203, S. 83.

11 Ebd., S. 82.

12 Ebd., S. 57.

13 Ebd., S. 62.

14 Ebd., S. 76.

15 Ebd., S. 47.

16 Ebd., S. 48.

17 Vgl. Peter Selg: «Im Fadenkreuz der NS-Propaganda. Vor 100 Jahren: Adolf Hitler über Rudolf Steiner im ‹Völkischen Beobachter›». In: *Das Goetheanum,* Nr. 16, 2021, S. 12–14 sowie Peter Selg: *Die Eröffnung des Goetheanum und die Diffamierung der Anthroposophie.* Dornach und Arlesheim 2021, S. 71ff.

18 Rudolf Steiner: *Die Verantwortung des Menschen für die Weltentwicklung durch seinen geistigen Zusammenhang mit dem Erdplaneten und der Sternenwelt.* GA 203, S. 70.

19 Ebd., S. 95.

20 Ebd., S. 56.

21 Ebd., S. 140 und S. 243.

22 Ebd., S. 138.

23 Ebd., S. 123.

24   Ebd., S. 260.

25   Vgl. Peter Selg: *Die Zukunft der Erde. Rudolf Steiner, Franziskus von Assisi und die Rosenkreuzer.* Arlesheim 2021.

26   Rudolf Steiner: *Die Verantwortung des Menschen für die Weltentwicklung durch seinen geistigen Zusammenhang mit dem Erdplaneten und der Sternenwelt.* GA 203, S. 139.

27   Ebd., S. 243.

28   Ebd., S. 140.

29   Rudolf Steiner: *Perspektiven der Menschheitsentwicklung. Der materialistische Erkenntnisimpuls und die Aufgabe der Anthroposophie.* GA 204, S. 276.

30   Ebd., S. 289.

31   Ebd., S. 15f.

32   Ebd., S. 295.

33   Bernard Lievegoed: *Die Rettung der Seele.* Stuttgart 1993, S. 12.

34   Ebd., S. 81.

35   Ebd., S. 126.

36   Ebd., S. 97.

37   Ebd., S. 106.

38   Ebd., S. 108.

39   Ebd., S. 127.

40   So sagte er zu Jelle van der Meulen: «In der medizinischen Bewegung wird das Syndikat der pharmazeutischen Industrie, die über Milliarden verfügt, mit ‹sozialer Gewalt› bestimmte Produkte auf den Markt drücken und andere dagegen zurückhalten. Auch solche Produkte, von denen man weiß, dass sie für Menschen schädlich sind, werden mit vollem Wissen verbreitet werden. Die pharmazeutische Industrie wird alle verfügbaren Mittel einsetzen, um die anthroposophische Medizin mundtot zu machen.» (Ebd., S. 108) Gleichwohl war Lievegoed nicht fatalistisch gestimmt – und fuhr fort: «Doch untergründig wird die anthroposophische Bewegung wachsen.» (Ebd.).

41 Zur Dynamik der ahrimanischen Dissoziationskraft vgl. u.a. Peter Selg: *Ahrimans Zukunft und das «Erwachen der Seelen». Zur Geistesgegenwart der Mysteriendramen.* Dornach 2021.

42 Bernard Lievegoed: *Die Rettung der Seele*, S. 127.

42a Franz Rosenzweig: *Der Stern der Erlösung.* Frankfurt a.M. 1988, S. 472.

43 Rudolf Steiner: *Perspektiven der Menschheitsentwicklung. Der materialistische Erkenntnisimpuls und die Aufgabe der Anthroposophie.* GA 204, S.73.

44 Ebd., S. 56ff. Vgl. a. Wilhelm Kelber: *Die Logoslehre. Von Heraklit bis Origines.* Stuttgart 1958.

45 Vgl. Rudolf Steiner: *Nordische und mitteleuropäische Geistimpulse.* GA 209. Dornach ²1982, S. 57.

46 Vgl. hierzu die über zwanzig Vorträge, in denen Rudolf Steiner über die Problematik des vierten nachchristlichen Jahrhunderts ausführlich sprach, beginnend mit den Dornacher Darstellungen vom 9.4.1921, 15.4.1921 und 16.4.1921 (in: *Perspektiven der Menschheitsentwickelung.* GA 204); sodann die Schilderungen vom 4.12.1921 (in: *Nordische und mitteleuropäische Geistimpulse.* GA 209) und 13.4.1922 (in: *Das Sonnenmysterium und das Mysterium von Tod und Auferstehung.* GA 211), Steiners ausführlicher Vortrag vom 16.7.1922 über Plotin, Ammonius Sakkas, Julian Apostata u.a. (in: *Menschenfragen und Weltenantworten.* GA 213), sodann seine Ausführungen vom 16.3.1923 (in: *Die Impulsierung des weltgeschichtlichen Geschehens durch geistige Mächte.* GA 222) und 29.4.1923 (in: *Die menschliche Seele in ihrem Zusammenhang mit göttlich-geistigen Individualitäten.* GA 224).

47 Rudolf Steiner: *Perspektiven der Menschheitsentwicklung. Der materialistische Erkenntnisimpuls und die Aufgabe der Anthroposophie.* GA 204, S. 70.

48 Ebd., S. 71.

49 Ebd., S. 80.

50 Ebd., S. 93.

51 Ebd., S. 71. – In einem späteren Vortrag über das vierte Jahrhundert machte Steiner darauf aufmerksam, dass nicht nur viel wesentliche Literatur (insbesondere der Gnostiker) vernichtet, sondern zu dieser Zeit sehr viel weniger Geistesgut schriftlich niedergelegt worden sei: «Geschrieben haben die hervorragendsten Geister gerade dieser Zeit überhaupt nichts, weil sie der Meinung waren, dass der Weisheitsinhalt als ein Lebendiges da sein müsse, dass er nicht übertragen werden könne durch die Schrift von dem einen auf den anderen, dass er nur von Mensch zu Mensch im unmittelbaren persönlichen Verkehr übertragen werden müsse.» (*Menschenfragen und Weltenantworten*. GA 213. Dornach ²1982, S. 195).

52 Vgl. Peter Selg: *Epiphanias. Fest der Geisttaufe.* Arlesheim ²2019, S. 34ff.

53 Rudolf Steiner: *Perspektiven der Menschheitsentwicklung. Der materialistische Erkenntnisimpuls und die Aufgabe der Anthroposophie.* GA 204, S. 76.

54 Rudolf Steiner: *Die Verantwortung des Menschen für die Weltentwicklung durch seinen geistigen Zusammenhang mit dem Erdplaneten und der Sternenwelt.* GA 203, S. 281.

55 Rudolf Steiner: *Perspektiven der Menschheitsentwicklung. Der materialistische Erkenntnisimpuls und die Aufgabe der Anthroposophie.* GA 204, S. 84.

56 Vgl. Rudolf Steiner: *Die Weltgeschichte in anthroposophischer Beleuchtung und als Grundlage der Erkenntnis des Menschengeistes.* GA 233. Dornach ⁵1991, S. 92ff.

57 Rudolf Steiner: *Perspektiven der Menschheitsentwicklung. Der materialistische Erkenntnisimpuls und die Aufgabe der Anthroposophie.* GA 204, S. 79.

58 Ebd., S. 84.

59 Ebd., S. 149.

60 Ebd., S. 73.

61 Vgl. hierzu auch Rudolf Steiners Schilderung vom 16. März 1923 in Dornach, der zufolge im vierten Jahrhundert die Exusiai die Gedankenkräfte an die Archai abgaben («das war ein ganz hervorragend wichtiges kosmisches Ereignis»), wodurch sich das Verhältnis des Menschen zu seinem Anschauungs- und Gedankenleben veränderte (in: *Die Impulsierung des weltgeschichtlichen Geschehens durch geistige Mächte*. GA 222. Dornach ⁴1989, S. 47ff.)

62 Rudolf Steiner: *Perspektiven der Menschheitsentwicklung. Der materialistische Erkenntnisimpuls und die Aufgabe der Anthroposophie*. GA 204, S. 311.

63 Rudolf Steiner ging in seinen Mitgliedervorträgen vom ersten Halbjahr 1921 nur aphoristisch auf diese Zusammenhänge ein, die er in seinem anthroposophischen Gesamtwerk in überaus detaillierter Weise entfaltete. Von besonderer Bedeutung für den spirituellen Gesamtzusammenhang des von Steiner Dargestellten ist dabei, dass die geistigen Ströme in Europa, die sich trotz der materialistischen Entwicklung ihren Weg bahnten (und zu denen neben der Gralsströmung in erste Linie die gesamte Rosenkreuzerbewegung gehörte), ebenfalls im *vierten Jahrhundert*, gewissermaßen als Widerstandsbewegung konzipiert wurden, wie Steiner am 31. August 1909 in München berichtete. Der Christus sollte «in seiner Wesenheit» auch künftig begriffen werden, insbesondere durch die «Mysterien des Rosenkreuzes», ihre Vorläufer (wie die Gralsbewegung) und Nachfolger (wie die anthroposophische Bewegung ab dem 20. Jahrhundert). Vgl. Rudolf Steiner: *Der Orient im Lichte des Okzidents. Die Kinder des Luzifer und die Brüder Christi*. GA 113. Dornach ⁵1982, S. 192ff.

64 Vgl. Rudolf Steiner: *Anthroposophische Leitsätze. Der Erkenntnisweg der Anthroposophie – Das Michael-Mysterium*. GA 26. Dornach ¹⁰1998, S. 84.

65 Rudolf Steiner: *Perspektiven der Menschheitsentwick-lung. Der materialistische Erkenntnisimpuls und die Aufgabe der Anthroposophie*. GA 204, S. 76.

66 Zur Phänomenologie des 19. Jahrhunderts in dieser Hinsicht vgl. Peter Selg: «Tode im Denken». In: *Michael und Christus. Studien zur Anthroposophie Rudolf Stei-ners*. Arlesheim 2010, S. 241–262.

67 Rudolf Steiner: *Perspektiven der Menschheitsentwick-lung. Der materialistische Erkenntnisimpuls und die Aufgabe der Anthroposophie*. GA 204, S. 40f. Vgl. hierzu werk- und ideengeschichtlich im Einzelnen: Peter Selg: *Vom Logos menschlicher Physis. Die Entfaltung einer anthroposophischen Humanphysiologie im Werk Rudolf Steiners*. Band 2. Dornach 2005, S. 519ff.

68 Ebd., S. 46. Vgl. a. Anm. 66. Das «tote Denken», so sagte Rudolf Steiner in einem späteren Vortrag (Prag, 29. April 1923), habe sich im ersten Drittel des 15. Jahr-hunderts entwickelt und erreichte im 19. Jahrhundert «einen gewissen Kulminationspunkt dieses Totseins» (*Die menschliche Seele in ihrem Zusammenhang mit göttlich-geistigen Individualitäten*. GA 224. Dornach [3]1992, S. 129).

69 Vgl. Rudolf Steiner: *Die Verantwortung des Menschen für die Weltentwicklung durch seinen geistigen Zusam-menhang mit dem Erdplaneten und der Sternenwelt*. GA 203, S. 187 bzw. S. 181.

70 Vgl. Rudolf Steiner: *Perspektiven der Menschheitsent-wicklung. Der materialistische Erkenntnisimpuls und die Aufgabe der Anthroposophie*. GA 204, S. 178f.

71 Vgl. Rudolf Steiner: *Geisteswissenschaft und Medizin*. GA 312, Vortrag vom 21. März 1920 sowie Peter Heus-ser, Johannes Weinzirl, Tom Scheffers, René Ebersbach (Hg.): «*Die Zukunft des medizinischen Lebens*». *Geis-teswissenschaft und Medizin (GA 312). Band 2. Erläu-terungen zum ersten Ärztekurs Rudolf Steiners 1920. Vorträge 1 bis 3*. Dornach 2020, S. 70–82.

72 Rudolf Steiner: *Perspektiven der Menschheitsentwicklung. Der materialistische Erkenntnisimpuls und die Aufgabe der Anthroposophie.* GA 204, S. 158.

73 Ebd., S. 159.

74 Ebd., S. 179.

75 Rudolf Steiner: *Die Verantwortung des Menschen für die Weltentwicklung durch seinen geistigen Zusammenhang mit dem Erdplaneten und der Sternenwelt.* GA 203, S. 247.

76 Rudolf Steiner: *Geschichtliche Symptomatologie.* GA 185. Dornach ³1982, S. 106ff.

77 Rudolf Steiner: *Perspektiven der Menschheitsentwicklung. Der materialistische Erkenntnisimpuls und die Aufgabe der Anthroposophie.* GA 204, S. 16.

78 Rudolf Steiner: *Die Verantwortung des Menschen für die Weltentwicklung durch seinen geistigen Zusammenhang mit dem Erdplaneten und der Sternenwelt.* GA 203, S. 147. Zu gegenläufigen Tendenzen in den Jahren nach Ende des Ersten Weltkriegs am Beispiel der Medizin vgl. u.a. die Heidelberger anthropologische Entwicklung um Viktor von Weizsäcker in Peter Selg: «Die geistige Dimension des Menschen? Zur Entwicklung der medizinischen Anthropologie im 20. Jahrhundert». In: Peter Heusser und Peter Selg: *Das Leib-Seele-Problem. Zur Entwicklung eines geistgemäßen Menschenbildes in der Medizin des 20. Jahrhunderts.* Arlesheim 2011, S. 60–77.

79 Rudolf Steiner: *Die Verantwortung des Menschen für die Weltentwicklung durch seinen geistigen Zusammenhang mit dem Erdplaneten und der Sternenwelt.* GA 203, S. 155.

80 Ebd., S. 148.

81 Ebd., S. 184f.

82 Vgl. Peter Selg: *Die Eröffnung des Goetheanum und die Diffamierung der Anthroposophie.* Dornach und Arlesheim 2021.

83 Rudolf Steiner: *Die Verantwortung des Menschen für die Weltentwicklung durch seinen geistigen Zusammenhang mit dem Erdplaneten und der Sternenwelt.* GA 203, S. 141.

84 Rudolf Steiner: *Perspektiven der Menschheitsentwicklung. Der materialistische Erkenntnisimpuls und die Aufgabe der Anthroposophie.* GA 204, S. 90f.

85 Vgl. Rudolf Steiner: *Grenzen der Naturerkenntnis.* GA 322. Dornach ⁵1981.

86 Vgl. Rudolf Steiner: *Geisteswissenschaftliche Impulse zur Entwicklung der Physik, I. Erster naturwissenschaftlicher Kurs: Licht, Farbe, Ton – Masse, Elektrizität, Magnetismus.* GA 320; *Geisteswissenschaftliche Impulse zur Entwicklung der Physik, II. Zweiter naturwissenschaftlicher Kurs: Die Wärme auf der Grenze positiver und negativer Materialität.* GA 321.

87 Rudolf Steiner: *Das Verhältnis der verschiedenen naturwissenschaftlichen Gebiete zur Astronomie. Dritter naturwissenschaftlicher Kurs: Himmelskunde in Beziehung zum Menschen und zur Menschenkunde.* GA 323.

88 Rudolf Steiner: *Perspektiven der Menschheitsentwicklung. Der materialistische Erkenntnisimpuls und die Aufgabe der Anthroposophie.* GA 204, S. 91.

89 Ebd., S. 104.

90 Rudolf Steiner: *Die Verantwortung des Menschen für die Weltentwicklung durch seinen geistigen Zusammenhang mit dem Erdplaneten und der Sternenwelt.* GA 203, S. 308f.

91 Ebd., S. 314.

92 Ebd., S. 318. Bereits in seinem ersten Text über eine zu schaffende Hochschule für Geisteswissenschaft schrieb Rudolf Steiner 1911, es bestehe die Aufgabe, das «entwicklungsfähige Wissen der Akademien» dort aufzunehmen und geistig weiterzubearbeiten, wo es seine «offiziellen Vertreter» in Materialismus «erstarren» lassen würden (vgl. Rudolf Steiner: *Soziale Ideen – Soziale*

*Wirklichkeit – Soziale Praxis. Band I: Frage- und Stu-
dienabende des Bundes für Dreigliederung des sozialen
Organismus in Stuttgart.* GA 337a. Dornach ¹1999,
S. 324). Unter einer «Aufnahme» des «entwicklungs-
fähigen Wissens der Akademien» verstand Rudolf
Steiner keine passive Übernahme und Integration, sondern eine existentielle Auseinandersetzung, Verinnerli-
chung und Verwandlung von Wissensinhalten. Er lebte
eine solche, umsichtige und überaus interessierte, wa-
che, aktive und schöpferische Rezeption der zeitgenössischen Wissenschaft überzeugend vor.

93 Rudolf Steiner: *Perspektiven der Menschheitsentwicklung. Der materialistische Erkenntnisimpuls und die
Aufgabe der Anthroposophie.* GA 204, S. 108.

94 Ebd., S. 160.

95 Ebd., S. 187.

96 Vgl. Rudolf Steiner: *Grenzen der Naturerkenntnis.*
GA 322. Dornach ⁵1981.

97 Rudolf Steiner: *Die Verantwortung des Menschen für
die Weltentwicklung durch seinen geistigen Zusammenhang mit dem Erdplaneten und der Sternenwelt.*
GA 203, S. 160f.

98 Ebd., S.153.

99 Ebd., S. 154.

100 Ebd., S. 158.

101 Ebd., S. 93.

102 Vgl. Rudolf Steiner: *Wahrspruchworte.* GA 40. Dornach ⁸1998, S. 298.

103 Rudolf Steiner: *Perspektiven der Menschheitsentwicklung. Der materialistische Erkenntnisimpuls und die
Aufgabe der Anthroposophie.* GA 204, S. 278.

104 Rudolf Steiner: *Menschenfragen und Weltenantworten.*
GA 213, S. 205.

105 Rudolf Steiner: *Das Sonnenmysterium und das Mysterium von Tod und Auferstehung.* GA 211. Dornach
³2006, S. 189.

106 Rudolf Steiner: *Perspektiven der Menschheitsentwicklung. Der materialistische Erkenntnisimpuls und die Aufgabe der Anthroposophie.* GA 204, S. 288.

107 Ebd., S. 291.

108 Ebd., S. 290f.

109 Rudolf Steiner: *Die Verantwortung des Menschen für die Weltentwicklung durch seinen geistigen Zusammenhang mit dem Erdplaneten und der Sternenwelt.* GA 203, S. 199.

110 Vgl. die Synopsis entsprechender Darstellungen in Peter Selg: *Der Untergang des Abendlands? Rudolf Steiners Auseinandersetzung mit Oswald Spengler.* Dornach und Arlesheim 2020, S. 126ff.

111 Rudolf Steiner: *Die Verantwortung des Menschen für die Weltentwicklung durch seinen geistigen Zusammenhang mit dem Erdplaneten und der Sternenwelt.* GA 203, S. 299.

112 Ebd., S. 300.

113 Ebd., S. 242.

114 Ebd., S. 302.

115 Rudolf Steiner: *Perspektiven der Menschheitsentwicklung. Der materialistische Erkenntnisimpuls und die Aufgabe der Anthroposophie.* GA 204, S. 60.

116 Rudolf Steiner: *Die Brücke zwischen der Weltgeistigkeit und dem Physischen des Menschen. Die Suche nach der neuen Isis, der göttlichen Sophia.* GA 202. Dornach [4]1993.

117 In seinem Stuttgarter Vortrag unterstrich Steiner die Notwendigkeit, mit Schicksalsgesichtspunkten im Sinne des Karma-Gedankens ernst zu machen, auch bei geschichtlichen und zeitgeschichtlichen Betrachtungen, die keinesfalls in einer vermeintlichen «Generationenströmung» angestellt werden dürften («Man versteht nicht, was auf der Erde vorgeht, wenn man nicht im konkreten Sinne ernst nimmt dasjenige, was in der Anerkennung der Tatsache der wiederholten Erdenleben

liegt. Man kann nicht in ehrlicher Weise auf der einen Seite ein abstrakter Bekenner der wiederholten Erdenleben sein und auf der anderen Seite Geschichte so betrachten, wie sie heute betrieben wird.» *Die Verantwortung des Menschen für die Weltentwicklung durch seinen geistigen Zusammenhang mit dem Erdplaneten und der Sternenwelt.* GA 203, S. 35). Dann schilderte Steiner verschiedene seiner Forschungsergebnisse: Die Mehrheit der Menschen, die heute in West-, Mittel- und Osteuropa inkarniert seien, habe zuletzt in Amerika als Teil der später «ausgerotteten» indigenen Urbevölkerung gelebt. «Man wird [auf der Suche nach der Vergangenheit der in Europa inkarnierten Menschen] in die Jahrhunderte der Eroberung Amerikas geführt, zu denjenigen Seelen, die in den Indianerleibern waren, über die sich die Eroberungen ergossen haben.» (Ebd., S. 37) «[...] Die Seelen dieser ausgerotteten, besiegten Indianerbevölkerung leben heute in dem Gros der westeuropäischen und mitteleuropäischen Menschen bis weit nach Russland hinein.» (Ebd., S. 38) Die Indianer wussten, so Steiner, nichts vom Christentum, sondern verfügten über eine ausgebildete «universelle pantheistische religiöse Empfindung» (Ebd., S. 37). Der großen Mehrheit der jetzigen europäischen Bevölkerung sei das Christentum und seien die Christus-Impulse daher fremd und lediglich äußerlich anerzogen, «zum großen Teil mit den Lauten der Sprache» (Ebd., S. 38). Nur eine Minderheit von Menschen lebe gegenwärtig in Europa, die in den ersten Jahrhunderten in den südlichen Gegenden Europas und in Nordafrika gelebt hätten und mit dem Urchristentum innerlich verbunden seien. Die Mehrzahl der europäischen Christen der ersten Jahrhunderte habe sich dagegen in Asien wiederverkörpert («Insbesondere sind viele von diesen Seelen, die gerade durchchristet worden sind in der bezeichneten Zeit, in japanischen Leibern heute verkörpert.» Ebd., S. 39);

die sehr spirituell ausgerichteten asiatischen Seelen der Zeitenwende seien heute dagegen in großer Zahl in Amerika (Nordamerika?) inkarniert («Diese amerikanische Bevölkerung, die in vieler Beziehung gerade neigt zu der Auffassung des praktischen, materiellen Lebens, ist in ihrer gesamten Konstitution dadurch hervorgerufen, dass die Seelen früher gelebt haben in einer solchen geistigen Erfassung der Welt, wie ich sie geschildert habe, dann aber untergetaucht sind in eine sehr, sehr dichte Leiblichkeit und die im Grunde genommen jetzt in einer raffinierten Behandlung dieser materiellen Welt dasjenige auszuleben suchen, was sie früher in einer feinen Geistigkeit gehabt haben. Man begreift die besondere Art des amerikanischen Geistes, sich wirklich praktisch und wissenschaftlich herzumachen über die Dinge der Welt, wenn man weiß, wie das zurückgeht auf ein früheres Hingelenktsein auf die geistige Welt, das heute gerade ins materielle Leben hereingetragen wird, ohne dass man sich dessen bewusst wird, dass man das Geistige im Materiellen erfassen will. Es ist das materielle Gegenbild des Spirituellen, das diese Seelen in ihrem früheren Erdenleben durchgemacht haben.» Ebd., S. 42).

118 Ebd., S. 57f.

119 Ebd., S. 56ff.

120 Ebd., S. 70.

121 Vgl. Rudolf Steiner: *Die Weihnachtstagung zur Begründung der Allgemeinen Anthroposophischen Gesellschaft 1923/24*. GA 260. Dornach [5]1994, S. 270–275. Nach einer ausführlichen Herleitung sagte Rudolf Steiner u.a.: «Sehen Sie, die Zivilisation der Gegenwart lässt sich begründen mit dieser Form des geistigen Lebens, die eben seit so langer Zeit gepflegt worden ist; aber das Leben lässt sich damit nicht begründen. Diese Zivilisation könnte eine Zeitlang fortgehen. Die Seelen würden eben während des Wachens nichts ahnen von

dem Hüter der Schwelle, während des Schlafens von ihm zurückgewiesen werden, damit sie nicht paralysiert würden, und zuletzt würde das bewirken, dass ein Menschengeschlecht in der Zukunft geboren würde, welches keinen Verstand, keine Möglichkeit, Ideen im Leben anzuwenden, in diesem künftigen Erdenleben zeigte, und das Denken, das Leben in Ideen würde von der Erde verschwinden. Ein krankhaftes, bloß instinktives Menschengeschlecht würde die Erde bevölkern müssen. Schlimme Gefühle und Emotionen allein, ohne die orientierende Kraft der Ideen, würden Platz greifen in der Menschheitsentwickelung.» (Ebd., S. 274f.).

122 Rudolf Steiner: *Die Verantwortung des Menschen für die Weltentwicklung durch seinen geistigen Zusammenhang mit dem Erdplaneten und der Sternenwelt.* GA 203, S. 74.

123 Vgl. hierzu u.a. Thomas Hardtmuth: «Das Corona-Syndrom – warum die Angst gefährlicher ist als das Virus». In: Charles Eisenstein, Thomas Hardtmuth, Christoph Hueck, Andreas Neider: *Corona und die Überwindung der Getrenntheit.* Stuttgart 2020, S. 11–48.

124 Vgl. u.a. Thomas Fuchs: «Person und Gehirn. Zur Kritik des Zerebrozentrismus». In: *Verteidigung des Menschen. Grundfragen einer verkörperten Anthropologie.* Berlin 2020, S. 179–201.

125 Zur Entwicklung dieser Thematik im Verlauf des Jahres 1920 vgl. Peter Selg: *Der Untergang des Abendlands? Rudolf Steiners Auseinandersetzung mit Oswald Spengler.* Dornach und Arlesheim 2020, S. 56ff.; zur grundsätzlichen Bedeutung der «Ungeborenheit» für eine humanistische Anthropologie vgl. Peter Selg: *Ungeborenheit. Der Weg des Menschen zur Geburt.* Arlesheim ⁴2017.

126 Rudolf Steiner: *Die Verantwortung des Menschen für die Weltentwicklung durch seinen geistigen Zusammenhang mit dem Erdplaneten und der Sternenwelt.* GA 203, S. 83ff.

127 Ebd., S. 93f.

128 Ebd., S. 100.

129 Ebd., S. 274.

130 Ebd.

131 Ebd., S. 275.

132 Ebd., S. 275f.

133 Ebd., S. 276.

134 «... das, was vielfach gegen anthroposophisch orientierte Geisteswissenschaft vorgebracht wird, es ist zu gleicher Zeit der Kampf des Ahriman gegen dasjenige, was als der Menschheit notwendig immer intensiver und intensiver durch anthroposophisch orientierte Geisteswissenschaft betont werden muss ...» (Ebd., S. 276).

135 Vgl. Rudolf Steiner: *Die Anthroposophie und ihre Gegner 1919–1921*. GA 255b. Dornach [1]2003 und Peter Selg: *Die Eröffnung des Goetheanum und die Diffamierung der Anthroposophie*. Dornach und Arlesheim 2021, S. 116ff.

136 Rudolf Steiner: *Perspektiven der Menschheitsentwicklung. Der materialistische Erkenntnisimpuls und die Aufgabe der Anthroposophie*. GA 204, S. 105.

137 Ebd., S. 106.

138 Ebd., S. 107.

139 Rudolf Steiner: *Die Verantwortung des Menschen für die Weltentwicklung durch seinen geistigen Zusammenhang mit dem Erdplaneten und der Sternenwelt*. GA 203, S. 159.

140 Ebd.

141 Ebd., S. 127.

142 Ebd., S. 127f.

143 Ebd., S. 224.

144 Vgl. Rudolf Steiner: *Die Anthroposophie und ihre Gegner 1919–1921*. GA 255b. Dornach [1]2003 und Peter Selg: *Die Eröffnung des Goetheanum und die Diffamierung der Anthroposophie*. Dornach und Arlesheim 2021, S. 74ff.

145 Ebd., S. 158ff.
146 Rudolf Steiner: *Die Verantwortung des Menschen für die Weltentwicklung durch seinen geistigen Zusammenhang mit dem Erdplaneten und der Sternenwelt.* GA 203, S. 188.
147 Ebd., S, 204.
148 Ebd., S. 221.
149 Rudolf Steiner: *Perspektiven der Menschheitsentwicklung. Der materialistische Erkenntnisimpuls und die Aufgabe der Anthroposophie.* GA 204, S. 180f.
150 Vgl. u.a. Corina Jürgensen, Sabina Platzer: *Chronik 1921.* Dortmund ³1991. Zum Gebrauch des «Führer»-Begriffes für Hitler innerhalb der NSDAP, der sich ab 1921 durchsetzte, vgl. Ian Kershaw: *Der Hitler-Mythos. Führerkult und Volksmeinung.* München 2018, S. 38; zu Hitlers Vorgehen des Jahres 1921 inner- und außerhalb der NSDAP vgl. dagegen Peter Longerich: *Hitler. Biographie.* München 2015, S. 94ff.
151 Adolf Hitler: «Staatsmänner oder Nationalverbrecher». In: *Sämtliche Aufzeichnungen. 1905–1924.* Hg. Eberhard Jäckel. Stuttgart 1980, S. 350. Vgl. a. Peter Selg: «Im Fadenkreuz der NS-Propaganda. Vor 100 Jahren: Adolf Hitler über Rudolf Steiner im ‹Völkischen Beobachter›». In: *Das Goetheanum*, Nr. 16, 2021, S. 12–14.
152 Rudolf Steiner: *Die Verantwortung des Menschen für die Weltentwicklung durch seinen geistigen Zusammenhang mit dem Erdplaneten und der Sternenwelt.* GA 203, S. 126.
153 Rudolf Steiner: *Perspektiven der Menschheitsentwicklung. Der materialistische Erkenntnisimpuls und die Aufgabe der Anthroposophie.* GA 204, S. 104.
154 Ebd., S. 107.
155 Rudolf Steiner: *Die Verantwortung des Menschen für die Weltentwicklung durch seinen geistigen Zusammenhang mit dem Erdplaneten und der Sternenwelt.*

GA 203, S. 202.

156 Ebd., S. 204.

157 Ebd.

158 In einer diesbezüglich kritischen Ausführung bemerkte Steiner gegen Ende seines Dornacher Mitgliedervortrages vom 8. Februar 1921: «Im Interesse der Sache und nicht aus persönlichen Gründen ist es, wenn ich sage, dass ich seit dem April 1919 in Stuttgart unzählige Vorträge gehalten habe, in denen die wichtigsten ökonomischen Tatsachen und Wahrheiten enthalten sind, in denen auch enthalten sind viele Charakteristiken zeitgenössischer Geistesströmungen, die ausgebeutet hätten werden sollen. Es handelt sich durchaus darum, dass da ein wichtiges Material vorhanden wäre. – Es ist ‹eingesargt›. Die Dinge werden gedruckt, werden an die Mitglieder der Dreigliederungskreise gesandt, an die Dreigliederungsbünde gesandt, werden da vorgelesen in kleinen Zirkeln. Dasjenige, was ‹weltmännisch› gedacht war, wurde wiederum zu einem Sektiererischen gemacht. Es tut einem im Interesse der Sache weh, dass die Dinge nicht aufgegriffen, sondern so behandelt werden. Im Grunde genommen eine verlorene Arbeit, die verwendet ist auf so etwas – was wahrhaftig aus Weiten hergeholt wird! –, wenn es nicht aufgegriffen wird, nicht weiterverarbeitet wird, wenn nicht gearbeitet wird in diesem Sinne. Das ist aber dasjenige, was notwendig ist, und was wir heute vor allen Dingen nötig haben!» (Ebd., S. 222f.).

159 Ebd., S. 220.

159a Vgl. https://en.unesco.org/sites/default/files/one-year-into-covid.presentations-session1.pdf. Vgl. a. Peter Selg: *Das Mysterium der Erde. Aufsätze zur Corona-Zeit.* Arlesheim ²2021.

160 Vgl. Rudolf Steiner: *Wahrspruchworte.* GA 40. Dornach ⁸1998, S. 298.

161 Ebd., S. 220.

162 Vgl. Peter Selg: *Die Zukunft Ahrimans und das «Erwa-*

chen der Seelen». Zur Geistesgegenwart der Mysteriendramen. Dornach ¹2021.

163 Simone Weil: *Schwerkraft und Gnade*. Hg. Charlotte
Bohn. Berlin ¹2021, S. 191.

164 Ebd., S. 183.

165 Ebd., S. 188.

166 Rudolf Steiner: *Mantrische Sprüche. Seelenübungen II.*
GA 268. Dornach ¹1999, S. 79.

167 Simone Weil: *Schwerkraft und Gnade*, S. 164.

168 Vgl. Peter Selg: *Die Grundstein-Meditation Rudolf Steiners und die Zerstörungen des 20. Jahrhunderts.* Arlesheim ¹2011.

169 Rudolf Steiner: *Mantrische Sprüche. Seelenübungen II.*
GA 268. Dornach ¹1999, S. 80.

170 Ebd., S. 158.

171 Ebd., S. 156f.

172 Vgl. Peter Selg: *Die Kultur der Selbstlosigkeit. Rudolf
Steiner, das Fünfte Evangelium und das Zeitalter der
Extreme.* Dornach ¹2006.

173 Rudolf Steiner: *Seelenübungen. Band I: Übungen mit
Wort- und Sinnbild-Meditationen zur methodischen
Entwicklung höherer Erkenntniskräfte, 1904–1924.*
GA 267. Dornach ²2001, S. 392.

174 Simone Weil: *Schwerkraft und Gnade*, S. 104.

175 Rudolf Steiner: *Mantrische Sprüche. Seelenübungen II.*
GA 268, S. 78.

176 Ebd., S. 273.

177 Vgl. Peter Selg: *Elisabeth Vreede. 1879–1943.* Arlesheim 2009, S. 83ff.

178 Vgl. Peter Selg: *Willfried Immanuel Kunert. Zur Le-
bens- und Therapiegeschichte eines Kindes aus dem
«Heilpädagogischen Kurs».* Dornach 2006, S. 34ff.

179 Vgl. Peter Selg: *Willem Zeylmans van Emmichoven.
Anthroposophie und Anthroposophische Gesellschaft
im 20. Jahrhundert.* Arlesheim 2009, S. 125.

180 Rudolf Steiner: *Mantrische Sprüche. Seelenübungen II.*

GA 268, S. 274f.

181 Rudolf Steiner: *Die Verantwortung des Menschen für die Weltentwicklung durch seinen geistigen Zusammenhang mit dem Erdplaneten und der Sternenwelt.* GA 203, S. 243.

182 Rudolf Steiner: *Wahrspruchworte.* GA 40, S. 337.

183 Rudolf Steiner: *Mantrische Sprüche. Seelenübungen II.* GA 268, S. 154.

184 Vgl. Peter Selg: *Patienten-Meditationen von Rudolf Steiner.* Arlesheim 2019.

185 Vgl. Peter Selg: «Der schwere Weg zur Pfingstschneise». In: *Das Mysterium der Erde. Aufsätze zur Corona-Zeit.* Arlesheim 2020, S. 81–90.

186 In: Werner Bril (Hg.): *Im Zeichen der Hoffnung. Ideen und Gedanken von Rudolf Frieling.* Stuttgart 1986, S. 31.

187 Simone Weil: *Schwerkraft und Gnade,* S. 182.

188 Rudolf Steiner: *Zur Geschichte und aus den Inhalten der ersten Abteilung der Esoterischen Schule 1904–1914.* GA 264. Dornach ²1996, S. 324.

189 Simone Weil: *Schwerkraft und Gnade,* S. 183.

Der Autor

Peter Selg, Prof. Dr. med., Jg. 1963, ist Leiter des Ita Wegman Instituts für anthroposophische Grundlagenforschung in Arlesheim und Co-Leiter der Allgemeinen Anthroposophischen Sektion der Freien Hochschule für Geisteswissenschaft in Dornach (Goetheanum). Er unterrichtet medizinische Anthropologie und Ethik an der Universität Witten/Herdecke und der Alanus Hochschule für Kunst und Gesellschaft in Alfter. Zuletzt (2021) erschien von ihm die Schrift «Die Eröffnung des Goetheanum und die Diffamierung der Anthroposophie».

Constanza Kaliks | Claus-Peter Röh | Peter Selg

Die Gestalt des Menschheitsrepräsentanten

und das Evangelium der Erkenntnis

Diese Publikation umfasst die Vorträge des neuen Leitungs-
kollegiums der Allgemeinen Anthroposophischen Sektion
der Freien Hochschule für Geisteswissenschaft am Goetheanum zur Michaelitagung 2020, die unter dem Thema «Die
Gestalt des Menschheitsrepräsentanten und das Evangelium
der Erkenntnis» stand.

84 Seiten, kartoniert, ISBN 978-3-7235-1659-1

VERLAG AM GOETHEANUM

Peter Selg

Der Untergang des Abendlands?

*Rudolf Steiners Auseinandersetzung
mit Oswald Spengler*

«Und weil ich an den Menschen glaube aus Geist-Erkenntnis heraus, so glaube ich, daß man nicht reden kann wie Spengler von einem Untergang, einem Tod der abendländischen Zivilisation. Sondern indem ich an die Kraft der Seele glaube, die in Ihnen lebt, glaube ich, daß wir wiederum zu einem Aufstieg kommen müssen. Denn dieser Aufstieg wird nicht von einem leeren Phantom bewirkt, sondern vom menschlichen Willen. Und ich glaube so stark an die Wahrheit der Ihnen geschilderten Geisteswissenschaft, daß ich überzeugt davon bin: Dieser Wille der Menschen kann getragen werden, kann einen neuen Aufstieg bewirken, kann eine neue Morgenröte bewirken.» Rudolf Steiner. Technische Hochschule Stuttgart. 17. Juni 1920

192 Seiten, kartoniert, ISBN 978-3-7235-1650-8

VERLAG AM GOETHEANUM
VERLAG DES ITA WEGMAN INSTITUTS

Peter Selg

Die Eröffnung des Goetheanum und die Diffamierung der Anthroposophie

«Nach einer Wissenschaft suchen wir, die nicht bloß Wissenschaft ist, die Leben und Empfindung selber ist, und die in dem Augenblick, wo sie als Wissen in die Menschenseele einströmt, zu gleicher Zeit die Kraft entwickelt, als Liebe in ihr zu leben, um als werktätiges Wollen, als in Seelenwärme getauchte Arbeit ausströmen zu können; als Arbeit, die insbesondere übergeht auf das Lebendige, auf den werdenden Menschen. Wir brauchen eine neue Wissenschaftsgesinnung.» Rudolf Steiner

224 Seiten, m. Abb., kartoniert, ISBN 978-3-7235-1675-1

VERLAG AM GOETHEANUM
VERLAG DES ITA WEGMAN INSTITUTS

Peter Selg

Die Zukunft Ahrimans und das «Erwachen der Seelen»

Zur Geistesgegenwart der Mysteriendramen

Peter Selg setzt sich mit verschiedenen Hinweisen Rudolf Steiners zur Erscheinung und Wirkung Ahrimans auseinander und stellt diese in Bezug zur Gegenwart. «Zu allen Zeiten ist ihm (Ahriman) nichts so verhasst wie das Ideal der Entwicklung des Menschen zur freien und selbständigen geistigen Persönlichkeit.» (Sergej O. Prokofieff).

100 Seiten, kartoniert, ISBN 978-3-7235-1662-1

VERLAG AM GOETHEANUM